Sabine Dahm

FRAG doch mal ...

Können Fische pupsen?

Die erstaunlichsten Fragen an die Maus

Mit Illustrationen von
Antje von Stemm

CARLSEN

Inhalt

Körper & Mensch

Tiere

Natur, Technik & Umwelt

Inhalt

Vorwort

Spannende Fragen – mausschlaue Antworten!

Jede Woche überrascht euch die Maus mit neuen Lach- und Sachgeschichten. Und jede Woche schickt ihr der Maus ganz viele Fragen. Klar, denn jeder Tag steckt voller spannender Entdeckungen und Rätsel. Ihr wollt einfach alles wissen:

Kann man auf dem Mond Federball spielen?
Warum verschwinden Socken in der Waschmaschine?
Wieso redet man um den heißen Brei herum?

In diesem Buch findet ihr 50 erstaunliche Fragen, die oft gar nicht so leicht zu beantworten waren. Aber wie ihr die Maus kennt, hat sie auch diesmal interessante Erklärungen gefunden. Es gibt also jede Menge zu entdecken, zu lernen – und zu schmunzeln!

Viel Spaß mit diesem Buch!

Habt ihr auch manchmal Spaß daran, euch gegenseitig durchzukitzeln, rumzukichern und dann laut zu kreischen? Ab und zu ist man danach richtig außer Puste, aber mit Sicherheit auch gut gelaunt. Da wäre es doch praktisch, wenn ihr euch bei schlechter Laune einfach selber kitzeln könntet. Aber jeder, der schon einmal versucht hat, sich selbst zu kitzeln, weiß, dass das nicht geht. Egal, ob ihr euch an den Füßen, unter den Achseln oder zwischen den Rippen kitzelt, ihr müsst einfach nicht lachen. Auch wenn ihr euch noch so viel Mühe gebt oder es mit irgendwelchen Tricks versucht. Aber warum ist das so?

Berührt uns überraschend ein anderer Mensch, streift uns eine Fluse zufällig am Arm oder werden wir mit einem Grashalm berührt, kitzelt es. Die Nerven in der Haut nehmen die fremde Berührung wahr und melden sie an unser Gehirn. Das überraschte Gehirn reagiert auf den **Berührungsreiz** und ordnet ihn blitzschnell ein. Wir fangen an zu lachen und unsere Muskeln zucken zusammen. So kann zum Beispiel eine Fluse oder ein lästiges Insekt schnell wieder von der Haut abgeschüttelt werden. Wenn wir richtig durchgekitzelt werden, fangen wir sogar an zu kreischen. Forscher haben herausgefunden, dass dies ein angeborener **Reflex** ist, also eine automatische Reaktion unseres Körpers, die wir nicht steuern können.

Versuchen wir aber, uns selbst zu kitzeln, fehlt etwas ganz Wichtiges: der Überraschungseffekt.

Tatsächlich ist das Sich-selbst-Kitzeln nämlich eine geplante Aktion: Als Erstes fällt die Entscheidung im Gehirn, sich zum Beispiel selber unter den Füßen zu kitzeln. Daraufhin sendet das Hirn über die **Nerven** den Befehl an die Finger. Während sich die Finger jetzt den Fußsohlen nähern, berechnet das Gehirn den Zeitpunkt der Berührung und dämpft alle Signale, die von den Fußsohlen einen Kitzelreiz melden, ab. So kommt die Meldung nur ganz schwach oder unbewusst in unserem Gehirn an.

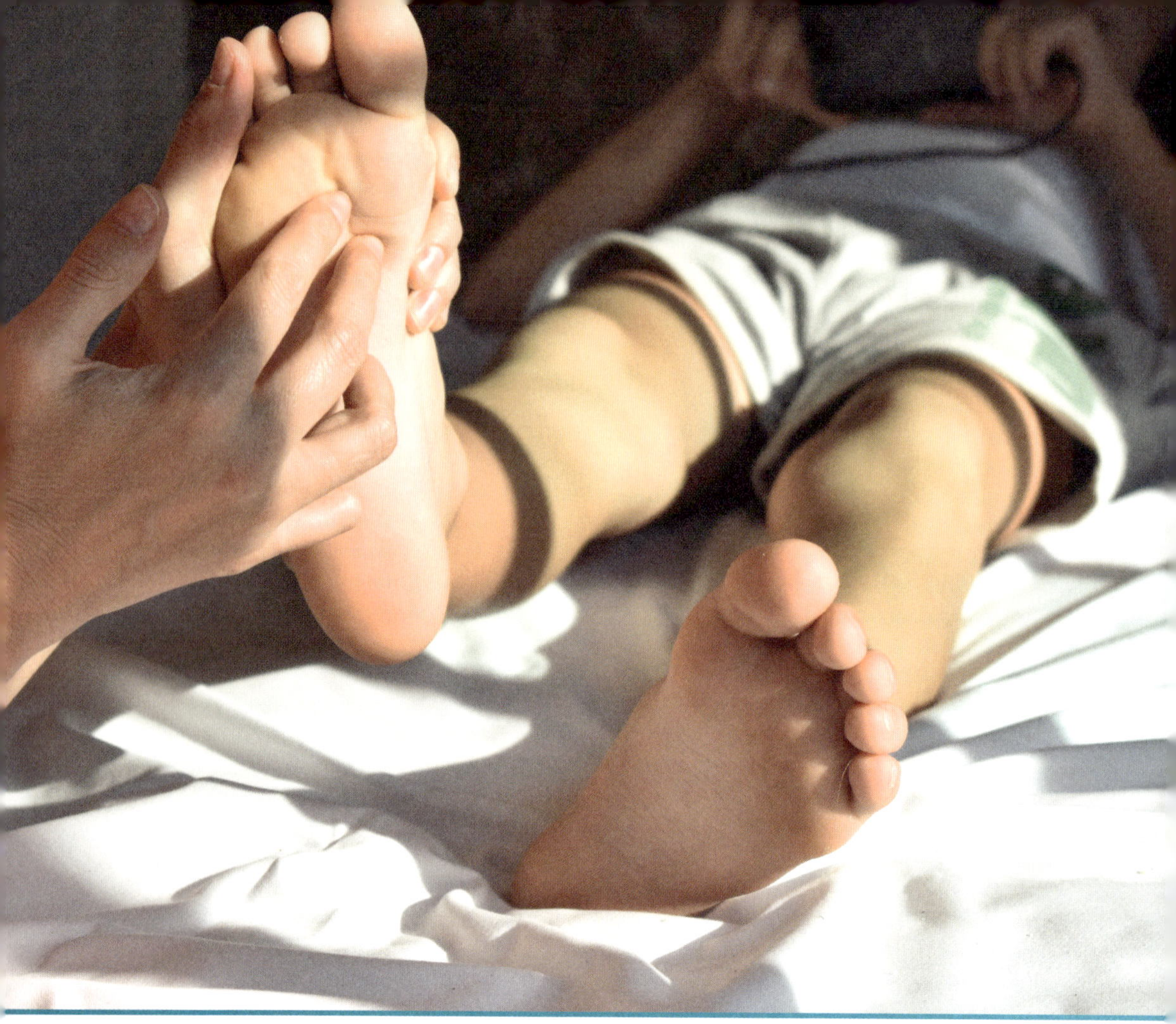

Am Hals, in der Kniekehle oder an den Füßen – wo seid ihr so richtig kitzelig?

Dieser Mechanismus ist wichtig, damit unser Gehirn nicht überfordert wird und in Bruchteilen von Sekunden auf alle wichtigen Reize reagieren kann. Ununterbrochen strömen viele verschiedene Reize auf unsere Sinne ein, die verarbeitet werden müssen. Wir hören und sehen ständig etwas Neues und berühren bei fast all unseren Aktionen und Bewegungen verschiedene Gegenstände. Unser Gehirn muss also pausenlos entscheiden, wie es mit den Reizen von außen umgeht.

Also entscheidet das Gehirn, dass Selberkitzeln nicht wichtig ist?

Ja, weil es so viele Reize von außen gibt, werden Reize, die vom eigenen Körper ausgehen, als unwichtig eingestuft – egal, ob wir uns selber kitzeln, die Beine übereinanderschlagen oder uns irgendwie zufällig berühren. Dem Gehirn ist einfach klar, dass von diesen Reizen keine Gefahr ausgeht. So ähnlich ist es auch mit Berührungsreizen, die unser Gehirn aus dem Alltag kennt. Wir sind weder kitzelig, wenn unsere Kleidung am Körper entlangstreift, noch wenn wir nachts unter der Decke liegen. Diese Art der Berührung kennt der Körper, das Gehirn stuft sie als unbedenklich ein und es wird keine Energie in eine Abwehr verschwendet.

Mausschlau!

Es gibt auch Tiere, die kitzelig sind. Viele Hunde und Katzen zucken unwillkürlich mit ihren Beinen, wenn ihr sie an der Pfote zwischen den Zehen kitzelt. Werden Schimpansen gekitzelt, erklingt ein keuchendes Geräusch, das die Forscher für eine Art Lachen halten. Die Schimpansin Washoe, die als erstes Tier die amerikanische Gebärdensprache erlernte und bewusst mehrere Hundert Zeichen einsetzte, soll auch das Zeichen für »Kitzel mich« gekonnt haben und ihre Trainer hierzu gezielt aufgefordert haben.

Warum tränen die Augen, wenn man Zwiebeln schneidet?

Gemeinsam zu kochen ist schön und oft lustig. Egal, ob ihr gemeinsam mit eurer Familie oder mit euren Freunden ein Essen vorbereitet, die Aufgaben werden auf alle verteilt, und jeder findet etwas, das ihm Spaß macht. Doch bei der Zwiebel hört der Spaß ganz schnell auf. Da schreit kaum jemand »Ich mach's«! Denn es gibt nur wenige Menschen, denen beim Zwiebelschneiden nicht die Tränen in die Augen steigen und dann über die Wangen laufen. In diesem Moment entsteht häufig ein lebhaftes Gespräch über die besten Zwiebelschneidetricks. Aber Trick hin oder her, viel spannender ist eigentlich die Frage, warum die Augen überhaupt tränen, sobald man Zwiebeln schneidet.

Die Küchenzwiebel stammt aus dem Gebiet des heutigen Afghanistan und wird seit über 5.000 Jahren als Gemüse gegessen und als Gewürz- und Heilpflanze verwendet. Sie ist mit Porree, Schnittlauch und Knoblauch verwandt und gehört zu den **Lauchgewächsen**. In der Küche wird überwiegend die Zwiebel selber verwendet, ihre langen grünen Laubblätter und die grünlich weißen Blüten werden kaum beachtet.

Erst wenn man die Zwiebel anschneidet, steigen einem die Tränen in die Augen.

Solange die Zwiebel auf dem Küchenbrett vor einem liegt, breitet sich lediglich ein leichter Zwiebelgeruch aus. Auch wenn die äußere braune, trockene Schale vorsichtig mit dem Messer abgezogen wird, ist noch alles in Ordnung. Aber sobald ihr mit dem Messer die Zwiebel halbiert und sie in Ringe oder Würfel schneidet, tritt Saft aus der Zwiebel aus. Und kurz darauf muss man auch schon weinen.

Für die tränenden Augen sorgt ein gasförmiger Stoff, der sich erst bildet, wenn die Zwiebel angeschnitten wird.

Dieser Stoff ist für die Zwiebel sehr wichtig, denn er gehört zu dem ausgeklügelten Abwehrsystem der Pflanze gegen Fressfeinde. Zwiebeln bestehen, wie alle Pflanzen, aus vielen kleinen Bausteinen, den **Zellen**. Jede Zelle grenzt sich von der nächsten durch eine **Zellwand** ab. Wenn die Zwiebel klein geschnitten wird, zerstört das Messer die Zellwände, und der Zwiebelsaft kann austreten. Das Besondere hieran ist, dass jetzt zwei Stoffe miteinander in Berührung kommen, die vorher durch die Zellwand getrennt waren. In der äußeren Zellschicht ist der geruchlose Stoff **Alliin** eingeschlossen, der Schwefel enthält. Im Zellinneren gibt es eine Substanz, die **Alliinase** heißt und wie eine chemische Schere arbeitet. Wenn diese beiden Stoffe aufeinandertreffen, spaltet die Alliinase das Alliin so, dass es an der Luft als Gas aufsteigt. Dieser Stoff reizt die Augenschleimhäute sehr stark, und die Tränendrüsen setzen die Tränenflüssigkeit frei, um die reizenden Stoffe wegzuschwemmen.

Welchen Nutzen hat die Zwiebel denn von diesem Stoff ?

Genau dieser Tränen auslösende Stoff ist eine geniale Waffe der Zwiebel gegen Fressfeinde. Wenn Mäuse oder Ratten in die Zwiebel beißen, merken sie sehr schnell, wie unangenehm das für sie wird, und lassen alle anderen Zwiebeln in der Nachbarschaft unberührt. Dies wiederum nutzen manchmal sogar Gärtner aus. Sie setzen Zwiebeln und Knoblauch, der den gleichen Abwehrtrick hat, zwischen die Blumenreihen und hoffen, so die Mäuse zu vertreiben.

Zwiebeln schneiden ohne Tränen? Probiert doch mal diesen Trick aus!

Wenn ihr demnächst in der Küche steht und Zwiebeln schneidet, wisst ihr, was für eine trickreiche Pflanze ihr vor euch habt.

Da das aber natürlich auch nicht vor tränenden Augen bewahrt, sind hier die besten Zwiebelschneidetricks für euch aufgelistet:

- Schneidet die Zwiebel unter fließendem Wasser. Dann wird der schleimhautreizende Stoff sofort weggespült.
- Benutzt ein scharfes Messer. Dann werden die Zellwände wirklich zerschnitten. Ein stumpfes Messer zerdrückt die Zellwände und es kann mehr Saft austreten.
- Manche Menschen behalten einen Schluck Wasser im Mund, während sie die Zwiebel zerkleinern.
- Setzt eine große Sonnen- oder Schwimmbrille auf.

Mausschlau!

Die Stoffe aus der Zwiebel wirken auch gut gegen einige Bakterien. Das ist schon lange bekannt und wird seit vielen Jahren als Hausmittel genutzt. Bei Ohrenschmerzen verwendet man ein Zwiebelsäckchen. Hierzu wird eine Zwiebel klein geschnitten und in ein Tuch eingewickelt. Die Zwiebelstücke werden zu Brei gestampft, damit möglichst viel Saft austritt. Das Tuch wird mit dem Zwiebelbrei auf das schmerzende Ohr gelegt und mit einem Schal befestigt. Dadurch bleibt das Ohr schön warm und das Zwiebelsäckchen besonders wirkungsvoll.

Sommerzeit ist Kirschenzeit! Vielleicht verbindet auch ihr mit reifen Kirschen heiße Sommertage und ein leckeres Picknick auf einer Wiese oder im Schwimmbad. Schon bei dem Gedanken an frisch geerntete rote Kirschen läuft den meisten Menschen das Wasser im Mund zusammen. Doch dann fällt vielen fast gleichzeitig die Warnung aus Großmutters Zeiten ein: »Auf Kirschen sollst du kein Wasser trinken. Das gibt Bauchweh und Durchfall.« Was ist an dieser Warnung dran? Bekommt man wirklich Bauchschmerzen, wenn sich Wasser und Kirschen im Bauch mischen?

Das Beste beim Kirschenpflücken: Man darf jede Menge naschen!

Vor ein paar Jahrzehnten galt diese Volksweisheit für alle Steinobstarten. Zum **Steinobst** gehören Pflanzen, die ihre Früchte als Steinfrüchte ausbilden. Bei ihnen ist der innere Teil der Fruchtwand zu einem großen festen Kern verholzt, dem sogenannten »Stein«. Das unterscheidet sie von den **Beerenfrüchten**. Zu den Steinfrüchten gehören neben Kirschen auch Pflaumen, Nektarinen, Pfirsiche, Aprikosen, Zwetschgen und Mirabellen.

Die Menschen glaubten nun lange Zeit, dass die **Hefepilze** auf den Schalen von Steinobst den Zucker dieser süßen Früchte im Magen zu Alkohol umwandelten. So ähnlich, wie das Hefepilze auch beim Alkohol im Bier tun. Bei diesem Gärungsprozess entsteht das Gas Kohlendioxid, das, so dachten die Menschen früher, für die Bauchschmerzen und Blähungen verantwortlich sein sollte. Solange man kein Wasser zum Obst getrunken hatte, war das auch alles kein Problem, da die Magensäure die Hefepilze angeblich abtöten konnte. Wurde die **Magensäure** aber durch das getrunkene Wasser stark verdünnt, konnten die Hefepilze ihre verheerende Wirkung auslösen.

Was stimmt denn nun?

Heute ist wissenschaftlich bewiesen, dass wir mit jeder Mahlzeit unzählige verschiedene Keime aufnehmen, mit denen der Magen problemlos zurechtkommt, ob mit oder ohne verdünnte Magensäure. Außerdem bleiben die Speisen durchschnittlich nur zwei Stunden im Magen, und diese Zeit reicht den Hefepilzen nicht, um sich zu vermehren und den Zucker in Alkohol und Kohlendioxid umzuwandeln. Wenn der Obstbrei mit den Hefepilzen dann in den Darm gelangt, gibt es hier wiederum genügend Darmbewohner, nämlich die Darmbakterien, die die Hefepilze in Schach halten. Das bedeutet also, dass im Magen keine alkoholische Gärung durch die Hefepilze stattfindet. Das bestätigen auch die Kinderärzte in Praxen und Krankenhäusern. Denn sie wären die Ersten, an die sich die Eltern der bauchschmerzengeplagten Kinder wenden würden.

Die Bauchschmerzen oder der Durchfall wurden früher eher von Bakterien ausgelöst, die sich im verunreinigten Wasser befanden.

Denn das Wasser, das eure Großeltern getrunken haben, stammte oft aus Brunnen und enthielt viele Keime oder Bakterien, die dem Magen zusätzlich zu schaffen machten. Auch das Leitungswasser war vor einigen Jahrzehnten noch nicht so sauber wie heute, da die **Kläranlagen** noch nicht so gut waren. Inzwischen filtern die Kläranlagen das Abwasser (also das Wasser, das nach dem Verbrauch im Abfluss landet) so gründlich, dass es gereinigt und ohne Schadstoffe in die Gewässer geleitet werden kann.

Und was ist, wenn man mal richtig viele Kirschen isst?

Trotzdem steckt in fast jeder Volksweisheit auch ein kleines Körnchen Wahrheit, und das ist auch hier der Fall: Wenn ihr richtig große Mengen rohes, süßes Obst esst, können durchaus heftige Blähungen entstehen. Denn durch die Darmbakterien, die verschiedene Zucker abbauen, und die Ballaststoffe, die im Obst in großen Mengen enthalten sind, entstehen Verdauungsgase. Unter anderem auch **Kohlendioxid**, das als Blähung ausgeschieden wird. Das ist allerdings keine alkoholische Gärung durch Hefepilze, die da im Darm stattfindet, sondern eine Gärung, die zum Beispiel durch **Milchsäurebakterien** ausgelöst wird.

Diese Art von Blähungen entstehen auch, wenn man zum Beispiel zu viel Rohkost isst, und sind eine ganz normale Stoffwechselreaktion. Wenn ihr auf Nummer sicher gehen wollt, dann esst nicht zu viel süßes Obst oder rohes Gemüse auf einmal, sondern verteilt es über den Tag. So können die Bakterien im Darm den Zucker nach und nach abbauen und es entstehen keine allzu großen Mengen an Kohlendioxid.

Mausschlau!

Kennt ihr die bekannte Redewendung: »Mit dem ist nicht gut Kirschen essen«? Sie stammt aus dem Mittelalter und hat gar nichts mit Bauchschmerzen zu tun. Da Kirschen damals sehr teuer waren, konnten sich nur reichere Menschen diesen Luxus leisten. Manchmal versuchten auch einfache Leute, mit den Reichen gemeinsam Kirschen zu essen. Wenn diese es merkten, bespuckten sie die armen Menschen mit Kirschkernen oder warfen mit den Stielen nach ihnen. Heute bezeichnet diese Redewendung Menschen, mit denen man schwer auskommen kann und mit denen man sich besser nicht anlegen sollte.

Haben eineiige Zwillinge die gleichen Fingerabdrücke?

Wenn ihr euch eure Finger genau anseht, könnt ihr viele kleine, geschwungene Linien auf der Haut erkennen. Diese Linien sind bei jedem Menschen anders und können als Fingerabdrücke sichtbar gemacht werden. Probiert das doch mal aus: Ihr schmiert etwas Füllertinte auf eure Fingerkuppe und presst anschließend den Finger auf ein Stück weißes Papier. Ein Fingerabdruck bleibt zurück, vielleicht etwas verwischt und nicht so perfekt wie bei der Polizei, aber deutlich erkennbar. Die Polizei arbeitet natürlich genauer, da sie die Abdrücke oft als Beweismittel nutzt, um ein Verbrechen aufzuklären. Da es jeden Fingerabdruck nur einmal auf der Welt gibt, können Täter so einwandfrei überführt werden. Aber ist das wirklich bei allen Menschen so? Auch bei eineiigen Zwillingen?

Die unterschiedlichen **Hautlinien** gibt es nicht nur an den Fingerkuppen. Sie sind auch auf der Handinnenfläche und auf der Fußsohle zu erkennen. Die Linien entstehen durch wellenförmige, nah aneinander verlaufende, winzige Erhebungen der Haut. Sie erinnern ein wenig an die welligen Sandmuster, die der Wind in der Wüste hinterlässt. Aber im Gegensatz zu den Mustern im Sand, die sich je nach Windrichtung verändern, bleiben diese Linien ein ganzes Leben lang gleich. Man kann sie auch nicht ab- oder wegschleifen. Die Linien werden von Wissenschaftlern **Papillarleisten** genannt.

Haben Babys schon Fingerabdrücke?

Die Papillarleisten bilden sich schon sehr früh, denn sie entstehen tatsächlich schon vor der Geburt im Mutterleib, wenn das ungeborene Baby gerade mal vier Monate alt ist. Da einige Zwillinge ursprünglich aus einem Ei stammen und sich unglaublich ähneln, könnten doch auch ihre Fingerabdrücke gleich sein.

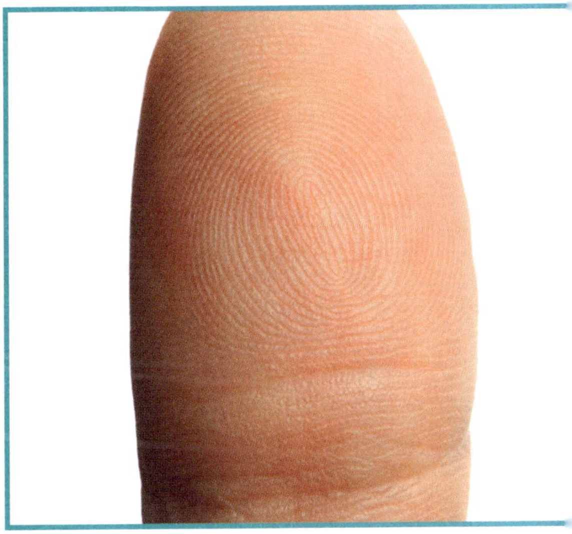

Die Linien auf unseren Fingern bleiben ein Leben lang und verändern sich nicht.

Doch Forscher haben in den letzten Jahren herausgefunden, dass auch äußere Umstände das Baby im

Mutterleib beeinflussen. Temperatur, Stress und Ernährung wirken sich beispielsweise auf Kopfform, Muttermale und Lidfalten aus. Genauso ist es mit den Linien auf den Fingerkuppen: Auch sie könnten durch ganz verschiedene Ursachen entstehen. So glauben Forscher, dass die Bewegung des Babys im Mutterleib eine Rolle spielt. Außerdem haben sie beobachtet, dass die Hautschichten unterschiedlich schnell wachsen – auch das könnte also bei der Entstehung der Papillarleisten wichtig sein. All diese Entwicklungen sind auf jeden Fall einzigartig, also von Baby zu Baby verschieden – und deshalb haben selbst eineiige Zwillinge unterschiedliche Fingerabdrücke. 1892 beschrieb der englische Arzt Francis Galton in seinem Buch »Finger prints« – also »Fingerabdrücke« – zum ersten Mal, wie einzigartig Fingerabdrücke sind. Auch wenn die Wissenschaftler bis heute noch nicht ganz genau wissen, wie die äußeren Faktoren die unterschiedlichen Linien der Fingerabdrücke beeinflussen, bei einer Sache sind sie sich ganz sicher:

Es gibt keine Menschen auf der Welt, die den gleichen Fingerabdruck hinterlassen.

Wie kann die Polizei Fingerabdrücke prüfen?

Seit sie der Polizei als zuverlässiges Beweismittel dienen, tragen viele Verbrecher Handschuhe, um keine Spuren zu hinterlassen. Entdeckt die Polizei an einem Tatort Fingerabdrücke,

Mit Rußpulver werden Fingerabdrücke sichtbar gemacht.

versucht sie zuerst, die Abdrücke gut sichtbar zu machen. Besonders gut erhaltene Abdrücke entstehen an Gläsern, Spiegeln, Türklinken oder anderen glatten Materialien.

Die Fingerabdrücke entstehen durch die Mischung von Fett und Schweiß, die unsere Haut in kleinen Mengen absondert.

Fassen wir einen glatten Gegenstand an, bleiben Schweiß und Fett an der Oberfläche hängen. Wenn die Polizei mit einem kleinen Pinsel Farb- oder **Rußpulver** auf den Abdruck aufträgt, bleibt es am Fett hängen, und die Linien werden sichtbar. Danach wird der Fingerabdruck mit einer Art Klebestreifen auf ein Papier übertragen und so haltbar gemacht. Dadurch kann auch bei einem Verbrechen, bei dem eineiige Zwillinge unter Verdacht stehen, der Täter einwandfrei über den Fingerabdruck entlarvt werden, obwohl sogar das Erbgut der Verdächtigen gleich ist.

Wo ist der Fingerabdruck noch wichtig?

Mittlerweile werden die Fingerabdrücke für viele Dinge genutzt, bei denen Mensche nicht verwechselt werden dürfen. Seit dem 1.11.2007 gibt es zum Beispiel einen Fingerabdruck im Reisepass. Dadurch soll sichergestellt werden, dass die Person und der vorliegende Pass auch wirklich zusammengehören. Auf dem Smartphone haben viele Menschen eine Sicherheitssperre, die sich nur mit dem eigenen Fingerabdruck öffnen lässt. Genauso beim Online-Banking mit dem Smartphone – das funktioniert mittlerweile auch mit dem Fingerabdruck. Vielleicht habt ihr auch schon einmal gesehen, dass sich manche Türen nur auf bestimmte Fingerabdrücke hin öffnen lassen. Das ist praktisch, denn einen Schlüssel oder ein Portemonnaie kann man verlieren, aber seinen Finger hat man immer dabei.

Mausschlau!

Bis jetzt war es immer ein Problem, an rauen oder schmierigen Oberflächen Fingerabdrücke festzustellen. Amerikanische Wissenschaftler haben aber kürzlich herausgefunden, dass die Bakterien, die auf unserer Hand sind, eine einmalige Zusammensetzung haben, die genauso einzigartig ist wie die Hautlinien. Da wir überall, wo wir etwas anfassen, eine Handvoll Bakterien hinterlassen, versuchen Forscher jetzt, eine Art bakteriellen Fingerabdruck zu entwickeln.

Kann man wirklich schärfer sehen, wenn man viele Karotten isst?

Habt ihr auch schon mal gehört, dass man von Karotten bessere Augen bekommt? Könnt ihr euch das vorstellen? Wenn das so ist, müsstet ihr eigentlich supergut sehen können, denn jeder von euch isst durchschnittlich 7 kg Karotten pro Jahr.

Karotten haben viele Namen. Sie werden als Möhre, Mohrrübe, Gelbe Rübe, Rübli oder Wurzel bezeichnet. Dabei ist »Karotte« schon ein ganz passender Name, weil er auf den wichtigsten Inhaltsstoff der Möhre hinweist, das **Betacarotin**. Das ist der orangefarbene Stoff, durch den die Karotte ihr frisches, leuchtendes Aussehen erhält. Genauer gesagt, durch den die Wurzel der Karotte ihre Farbe erhält. Der obere Teil der Möhre ist ein grünes Kraut, und nur der untere Teil, die sogenannte **Pfahlwurzel**, ist orange. Betacarotin kommt nicht nur in Möhren vor, auch Paprika, Kürbisse und Pfirsiche haben viel davon. Sogar Brokkoli und Spinat enthalten große Mengen, nur überlagern hier grüne Farbstoffe das Carotin und so ist es für uns nicht sichtbar. Damit unser Körper genügend Betacarotin aus der Nahrung aufnehmen kann, müssen wir das Gemüse zerkleinern oder erhitzen und mit Fett versetzen. Dann erst kann es der Körper verwerten. Er zerlegt das Betacarotin mit einer Art chemischer Schere und erhält dabei ein wichtiges Vitamin. Es heißt **Vitamin A** und kann vom Körper selbst nicht hergestellt werden. Betacarotin ist also die Vorstufe von Vitamin A und wird deswegen auch **Provitamin A** genannt.

Vitamin A brauchen wir für das Wachstum, den Aufbau von Blutkörperchen, für gesunde Haut und alle Schleimhäute, für unsere Nerven und Augen.

Dass Möhren gesund sind, wissen die Kaninchen doch schon lange!

Wissenschaftlich wird Vitamin A auch **Retinol** genannt. Dieser Name leitet sich von **Retina** ab. So wird die **Netzhaut** unserer Augen genannt. Die Netzhaut ist eine hauchdünne Schicht im Augeninnern, in der es zwei Arten von Zellen gibt, mit denen wir unsere Umgebung sehen. Die eine Zellart kann Farben wahrnehmen. Das sind die **Zapfen**. Dann gibt es noch die anderen Zellen, die Helligkeit erkennen. Sie werden **Stäbchen** genannt. Besonders bei den Stäbchen findet das Vitamin A seinen Einsatz. Hier bildet es das **Sehpurpur**, einen

Stoff, der das einfallende Licht wahrnimmt. Von den Stäbchen wird die Auskunft über hell und dunkel an die Nerven und dann ans Gehirn weitergeleitet. Das ist übrigens nicht nur bei den Menschen so. Vitamin A bildet bei zahlreichen Wirbeltieren das Sehpurpur und ist an vielen Stoffwechselvorgängen beteiligt. Interessanterweise haben Forscher herausgefunden, dass Kaninchen und Hasen mit dem Vitamin A so ähnlich umgehen wie der Mensch.

Was passiert, wenn wir zu wenig Vitamin A essen?

Wenn unser Körper zu wenig Vitamin A bekommt, können wir nach einiger Zeit schlechter im Dunkeln sehen, und die Augen werden schneller müde und trocken. Wir können sogar nachtblind werden. Deshalb sind Karotten oder andere Lebensmittel, die Betacarotin enthalten, sehr wichtig für unsere Augen. Allerdings können wir unsere Augen leider nicht durch große Möhren-Essaktionen verbessern. Wir können so viele Möhren essen, wie wir wollen, besser sehen und auf Brille oder **Kontaktlinsen** verzichten können wir dadurch nicht.

Unter normalen Umständen bekommen wir keinen Vitamin-A-Mangel, denn Betacarotin wird auch als Farbstoff vielen anderen Lebensmitteln zugesetzt, sodass wir ausreichende Mengen davon essen. Es ist zum Beispiel in Butter, Margarine, verschiedenen

Limonaden und vielen Süßigkeiten enthalten. Indem wir Lebensmittel wie Fisch, Leber und Eigelb essen, können wir Vitamin A in direkter Form und nicht nur als Vorstufe aufnehmen.

Stimmt es, dass Babys orange im Gesicht werden, wenn sie viel Karottenbrei essen?

Ja, das ist tatsächlich so – zumindest bei hellhäutigen Kleinkindern. Wenn sie häufig mit Karottenbrei gefüttert werden, lagert sich das Betacarotin in ihrer Haut ein und färbt sie braunorange. Nach einiger Zeit verblasst die Farbe allerdings wieder, weil das Carotin abgebaut und ausgeschieden wird.

Mausschlau!

Forscher haben festgestellt, warum zum Beispiel Babys so gerne Karotten essen oder Karottensaft trinken. Der milde Geschmack ähnelt der süßlichen Muttermilch beziehungsweise dem Fruchtwasser. Er ist also für Babys ein bekannter Geschmack, den sie mögen.

Warum ist Gähnen ansteckend?

Richtig herzhaft und mit weit geöffnetem Mund gähnt ihr wahrscheinlich nur, wenn ihr alleine seid. Sind andere um euch herum, versucht ihr bestimmt, das Gähnen zu unterdrücken oder hinter vorgehaltener Hand zu verstecken. Aber was ist das? Euer Gegenüber gähnt jetzt auch. Und wenn noch mehr Menschen dabei sind, kann es passieren, dass einer nach dem anderen gähnt. Manchmal sogar mehrmals hintereinander. Habt ihr euch auch schon mal gefragt, woran das liegt? Wie das Gähnen genau funktioniert, und ob es vielleicht ansteckend ist, so wie eine Erkältung?

Forscher rätseln noch immer, warum wir gähnen müssen.

Gähnen läuft in unserem Körper immer gleich ab. Zuerst reißen wir den Mund so weit auf, wie wir nur können. Dabei strecken sich die Gesichtsmuskeln in die Länge und die Augen werden ein bisschen feucht. Wir atmen so tief und so viel in unsere Lungen ein, wie wir können. Danach atmen wir die Luft wieder aus und schließen langsam den Mund. Das Ganze dauert nur ungefähr sechs Sekunden. In unserem Leben gähnen wir durchschnittlich 250.000-mal. Nicht mitgezählt das Gähnen des Babys im Mutterleib. Denn damit fängt es schon in der elften Woche an. Vermutlich trainiert das Baby so seine Gesichtsmuskeln.

Aber wieso gähnen wir überhaupt?

Diese Frage beschäftigt die Wissenschaftler schon seit vielen Jahrzehnten. Die Vermutung, dass es am Sauerstoffmangel liegt, hält sich zwar noch hartnäckig, ist aber erwiesenermaßen nicht richtig. Mittlerweile glauben Forscher, dass wir besonders häufig gähnen, wenn wir müde sind oder nichts Spannendes um uns herum passiert und wir trotzdem wach bleiben müssen. Außerdem vermuten einige Wissenschaftler, dass wir gähnen, um unser Gehirn zu kühlen. Durch die kühle, eingeatmete Luft soll das Gehirn wieder aufmerksamer sein. Ihr könnt es ja mal an euch selbst ausprobieren, indem ihr euch ein Kühlpad auf die Stirn legt. Das soll angeblich sofort den Gähndrang stoppen.

Das alles erklärt zwar, warum der Einzelne gähnen muss, ist aber immer noch keine Begründung für das ansteckende Gähnen in einer Gruppe. Hier vermuten Wissenschaftler, dass unser Gähnen ein unbewusstes Zeichen der Zugehörigkeit ist. Es gibt nämlich bestimmte **Nervenzellen** in unserem Gehirn, die automatisch besonders aktiv sind, sobald wir uns in einer Gruppe befinden. Diese Nervenzellen arbeiten wie ein Spiegel und werden deshalb auch Spiegelnervenzellen oder **Spiegelneuronen** genannt.

Spiegelneuronen sind wie kleine Antennen und nehmen die Gefühle, Stimmungen und Handlungen von anderen Menschen wahr.

Wir ahmen dann das Verhalten oder Gefühl genau wie ein Spiegel nach. Ihr kennt das bestimmt auch, dass ihr zusammenzuckt, wenn euer Freund beim Fußball einen Ball abbekommt. Und sobald sich jemand an einer niedrigen Tür den Kopf stößt, zieht ihr automatisch den Kopf ein.

Auch Eltern nutzen unbewusst die Spiegelnervenzellen, wenn sie ihr Baby mit dem Löffel füttern wollen. Sie öffnen ihren eigenen Mund – und es funktioniert, der kleine Mund geht weit auf.

Genauso ist es auch beim Gähnen. Wir sehen es bei den anderen, und unsere Spiegelnervenzellen sorgen dafür, dass wir auch herzhaft gähnen müssen. Die Spiegelnervenzellen sind also für das Mitgefühl verantwortlich. Sie zeigen an, wie sehr wir uns in den anderen hineinversetzen können und wie einfühlsam wir sind. In Versuchen konnte nachgewiesen werden, dass Menschen, die sich nicht vom Gähnen anderer anstecken lassen, auch in anderen Situationen nicht besonders einfühlsam waren. Bei anderen Menschen arbeiten die Spiegelnervenzellen so gut, dass sie schon gähnen, wenn sie darüber lesen oder sich Fotos von gähnenden Menschen anschauen.

Also, wenn ihr das nächste Mal beobachtet, dass all eure Freunde nach und nach herzhaft gähnen, zeigt das nicht, wie langweilig sie euch finden, sondern dass sie ziemlich mitfühlend sind.

Mausschlau!

Auch Tiere müssen gähnen und Katzen, Affen und Hunde lassen sich auch beim Gähnen von ihren Artgenossen anstecken. Viele Hunde müssen sogar gähnen, wenn sie einen gähnenden Menschen vor sich haben.

Warum haben Großeltern oft so lange Nasen und große Ohren?

Es macht euch bestimmt Spaß, in alten Fotoalben zu blättern und Kinderfotos von Eltern, Tanten und Onkeln anzuschauen. Besonders wenn ihr das gemeinsam mit euren Großeltern machen könnt. Denn dann hört ihr noch lustige Geschichten dazu. Gibt es Fotos, die eure Großeltern als Kinder oder junge Erwachsene zeigen? Das ist besonders interessant, denn dann könnt ihr die Veränderungen zwischen den Menschen auf dem Foto und den Großeltern neben euch deutlich erkennen. Klar, oft sind die Haare jetzt grau, das Gesicht hat Falten, aber das Lächeln ist immer noch genauso nett. Erstaunlicherweise hat die Oma oder der Opa aber jetzt größere Ohren. Und auch eine größere Nase. Da fragt ihr euch vielleicht: Wie kann das sein? Wachsen die Nase und die Ohren bei meinen Großeltern noch?

Wissenschaftlern ist vor längerer Zeit aufgefallen, dass sowohl Nase als auch Ohren bei älteren Menschen länger erscheinen. Um das genauer zu untersuchen, wurden in verschiedenen Ländern die Nasen und Ohren von vielen älteren Menschen gemessen. Und es scheint wirklich so zu sein, dass ältere Menschen größere Nasen und Ohren haben als jüngere.

Mit 97 Jahren ist die Nase durchschnittlich 8 Millimeter länger als mit 30 Jahren. Die Ohren wachsen sogar alle fünf Jahre um einen Millimeter.

Dass es Körperteile gibt, die noch im Alter wachsen, ist erstaunlich. Aber wieso es dieses Wachstum gibt, ist noch viel spannender. Logischerweise kommen die Lügen, wie bei Pinocchios wachsender Nase, nicht als Erklärung infrage. Genauso wenig wachsen die Ohren und Nasen eurer Großeltern, damit sie euch besser hören und riechen können, wie es bei Rotkäppchen vom Wolf behauptet wird. Mediziner und Wissenschaftler rätseln zwar immer noch ein wenig, aber sie haben schon mehrere Gründe herausgefunden.

Die äußere Ohrmuschel und die Nasenspitze sind überwiegend aus **Knorpel** aufgebaut. Er verleiht ihnen ihre Form. Ein Knorpel ist weicher und beweglicher als ein Knochen. Er kann sich dehnen und ist biegbar. Das könnt ihr alle an eurer Nasenspitze oder an den Ohren

ausprobieren. Im Alter verändert sich der Knorpel und verliert an Spannkraft oder Elastizität. Dadurch entfaltet sich das Ohr ein wenig, denn die aufgefalteten, knorpeligen Wellen des Ohres werden ein bisschen glatter. Das Ohr erscheint hierdurch größer.

Nicht nur bei den Menschen haben Omas und Opas lange Nasen: Die Nasenaffen-Großeltern aus dem Dschungel können da locker mithalten!

Außerdem konnten Forscher unter dem **Mikroskop** erkennen, dass sich bei alten Menschen mehr Knorpelgrundmasse um die einzelnen Knorpelzellen lagert und dadurch mehr Gewebe entsteht. Dadurch werden die Ohren tatsächlich größer. Bei den Nasen verhält es sich übrigens genauso. Im Nasenknorpel lagert sich auch mehr Grundmasse ein. Da sich die Nase aber aufgrund ihrer Form nicht so entfalten kann, ist die messbare Größenzunahme hier nicht so auffällig. Trotzdem wirkt die Nase bei älteren Menschen manchmal fast riesig. Das liegt auch daran, dass sie weniger Fettpolster im Gesicht haben und ihr Bindegewebe und die Muskeln schlaffer werden. Dadurch treten die Gesichtsformen leicht zurück und die Nase wirkt größer.

Mausschlau!

Bei Tieren gibt es richtige Langnasen. In Asien leben im Regenwald von Borneo Nasenaffen, bei denen die ältesten Tiere Nasen von bis zu 17,5 cm Länge haben können. Das heißt, die Nase ist ungefähr so lang wie ein Bleistift.

Machen Babys schon im Bauch der Mutter Pipi?

Es dauert ungefähr 40 Wochen, bis aus einer befruchteten Eizelle ein voll entwickeltes Baby herangewachsen ist. Ihr wisst bestimmt, dass das Herz des Babys bereits im Mutterleib schlägt und Blut durch den kleinen Körper pumpt. Das Baby bewegt sich viel und ab der 20. Woche kann es auch hören, sehen und schmecken. Es hört die Stimme und den Herzschlag der Mutter, aber es nimmt auch die Geräusche außerhalb des Bauches wahr. Es kann hell und dunkel erkennen und das leicht süßliche Fruchtwasser schmecken. Das Baby trinkt jetzt jeden Tag bis zu einem halben Liter Fruchtwasser. Das sind ungefähr zwei große Gläser voll. Aber was passiert damit? Bleibt dieses Wasser im Körper des Babys oder kommt es wieder heraus? Macht das Baby tatsächlich Pipi im Bauch der Mutter?

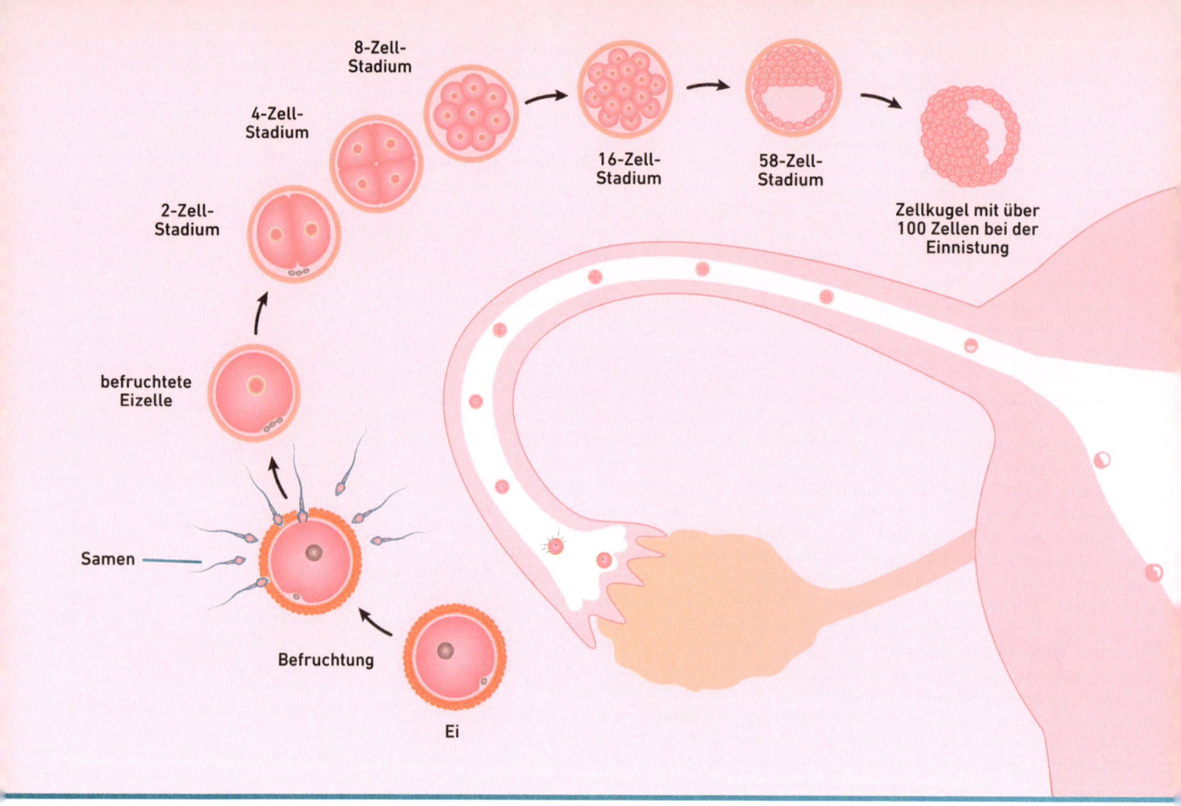

Die befruchtete Eizelle wandert durch den Eileiter. Dabei teilt sie sich und nistet sich als Zellkugel mit über 100 Zellen in die Gebärmutter ein.

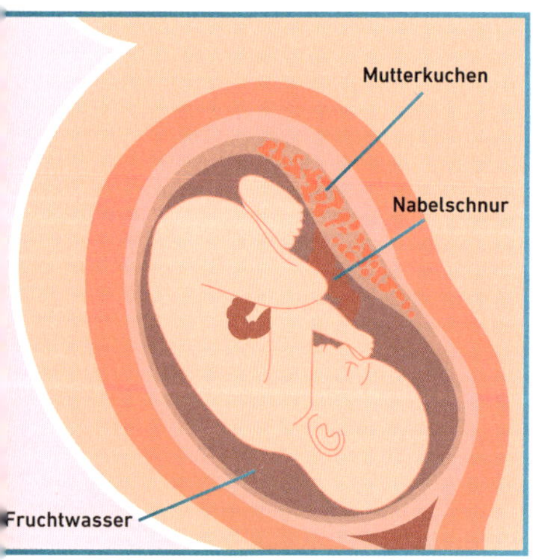

Der Mutterkuchen versorgt das Baby über die Nabelschnur mit Sauerstoff und Nahrung aus dem Blut der Mutter.

Fangen wir mal am Anfang an: Wenn im Körper einer Frau ein Ei und eine Samenzelle verschmelzen, entsteht eine befruchtete Eizelle. Sie wandert durch den Eileiter zur **Gebärmutter**. Auf ihrem Weg dorthin teilt sie sich, und auch diese beiden Zellen teilen sich wieder und die wiederum auch, sodass immer mehr neue kleine Zellen als weitere Bausteine entstehen. Ein kleiner runder Zellhaufen bildet sich. Diese Zellkugel nistet sich fest in der Gebärmutterschleimhaut ein. In der dritten Woche entsteht aus einem Teil der Zellen der Mutterkuchen, aus dem anderen entwickelt sich das Baby.

Das Baby selbst ist von einer Fruchtblase umhüllt, die aus einer äußeren und einer inneren Eihaut zusammengesetzt ist. Sie bildet eine feste, dehnbare Hülle, die mit Fruchtwasser gefüllt ist. In den ersten Monaten schwimmt das Baby hier noch frei herum. Das Fruchtwasser schützt es vor Druck und Stößen und gleicht Temperaturunterschiede von außen aus. Das Baby kann sich hierin besonders gut bewegen. Damit die Haut des Babys nicht aufweicht, bildet sich eine Art weißer Creme auf der Haut, die auch **Käseschmiere** genannt wird. Der größte Teil des Fruchtwassers besteht aus Wasser. Außerdem enthält es in kleinen Mengen Zucker, Salze, Eiweiße und einige abgelöste Zellen des Babys.

Bis vier Wochen vor der Geburt vergrößert sich die Fruchtwassermenge ständig, damit das Baby immer vollständig vom Wasser umhüllt ist. In der zehnten Woche reichen hierfür 30 ml Fruchtwasser aus. Das sind ungefähr sechs Teelöffel voll. In der 36. Woche ist die Fruchtblase dann mit anderthalb Litern gefüllt. Das ist so viel, wie in eine große Wasserflasche passt. In den ersten drei Monaten wird das Fruchtwasser nur durch die Eihäute der Fruchtblase und die Nabelschnur gebildet. Später beteiligen sich auch die Nieren des Babys daran.

Trinkt das Baby das Fruchtwasser?

Ab der 14. Woche schluckt und trinkt das ungeborene Baby das Fruchtwasser in kleinen Schlucken. Zuerst nur ganz wenig, nach einiger Zeit bis zu einem halben Liter. Wenn die Nieren des Babys voll entwickelt sind, fangen sie an zu arbeiten. Das Baby scheidet dann das Fruchtwasser über die Nieren und die Harnblase als Urin wieder aus. Die Nieren sind nämlich in unserem Körper die Organe, in denen Flüssigkeit und Schadstoffe gefiltert und von wertvollen Nährstoffen getrennt werden. Die **Nährstoffe** bleiben im Blut und die Abfälle werden von den Nieren mit dem überschüssigen Wasser zur **Blase** geleitet und da gesammelt. Von hier wird die Flüssigkeit, der Urin oder das Pipi, ausgeschieden.

Für Geschwisterkinder kaum vorstellbar: In Mamas Bauch wächst tatsächlich ein kleiner Mensch heran!

Das Baby macht also tatsächlich Pipi im Bauch der Mutter.

Vielleicht möchtet ihr jetzt am liebsten rufen: »Igitt, das ist ja eklig! Das Baby trinkt sein eigenes Pipi.« Aber es ist weder eklig noch ungesund. Der Urin des Babys ist genauso steril wie das Fruchtwasser. Das bedeutet, er enthält keine schädlichen Keime oder Bakterien, die dem heranwachsenden Baby schaden könnten. Außerdem wird das Fruchtwasser gegen Ende der Schwangerschaft ungefähr alle drei Stunden vom Körper der Mutter vollständig erneuert. Wenn das Baby Fruchtwasser trinkt, schluckt und als Pipi wieder abgibt, ist das ein ganz normaler Vorgang innerhalb seiner Entwicklung zum gesunden Baby. Denn so trainiert es schon im Bauch der Mutter den **Schluckmechanismus**, seine **Verdauung** und seine **Ausscheidung**.

Mausschlau!

Manchmal bekommen Babys sogar einen richtigen Schluckauf, wenn sie Fruchtwasser hinunterschlucken. In den letzten Schwangerschaftswochen können Mütter diese Hickser sogar wie ein kleines Zucken oder Pochen in ihrer Gebärmutter wahrnehmen.

Warum ist man morgens größer als abends?

Prüft ihr eigentlich zwischendurch auch, ob ihr gewachsen seid? Es gibt Kinder, die werden nur beim Kinderarzt gemessen, aber die meisten Kinder messen selbst jede Woche oder jeden Monat nach, ob sie schon wieder ein kleines Stückchen gewachsen sind. Deshalb hängt bei vielen Familien auch ein Maßband an der Wand und daneben wird jedes Mal die neue Größe mit einem Bleistiftstrich angezeichnet. Aber um wirklich vergleichen zu können, wie viel ihr gewachsen seid, müsstet ihr euch immer um die gleiche Tageszeit messen. Denn morgens erreicht ihr einen höheren Wert als abends. Das ist kein Scherz, es ist wirklich so, dass wir Menschen morgens einen bis zwei Zentimeter größer sind als abends.

Dieser Größenunterschied wird durch unsere **Wirbelsäule** verursacht. Sie bildet die knöcherne Mitte unseres Körpers und trägt Kopf, Hals, Rumpf und Arme. Außerdem schützt sie das **Rückenmark**, über das fast alle Befehle vom Gehirn zum Körper gelangen. Die Wirbelsäule reicht vom Kopf bis zum Steißbein und besteht bei den meisten Menschen aus 34 Wirbeln.

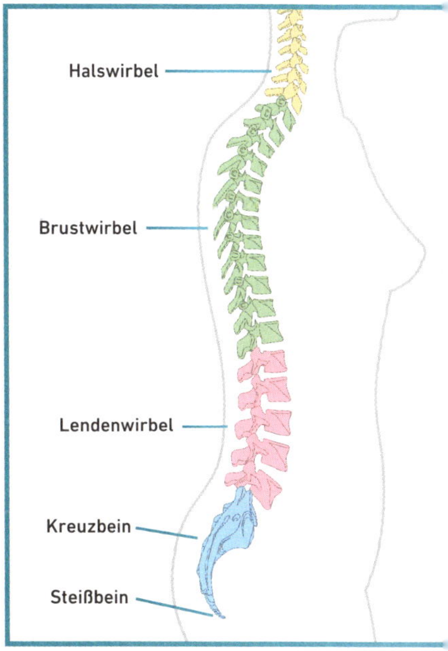

Es gibt 7 Halswirbel, 12 Brustwirbel, je 5 Lenden- und Kreuzbeinwirbel und 3 bis 5 Steißbeinwirbel. Die einzelnen Wirbel sind über **Bandscheiben** miteinander verbunden, die dazwischenliegen. Es gibt insgesamt nur 23 Bandscheiben, denn zwischen den beiden oberen Halswirbeln und den miteinander verwachsenen Kreuz- und Steißbeinwirbeln kommen sie nicht vor.

Erst durch den Wechsel zwischen Wirbel und Bandscheibe wird die Wirbelsäule beweglich.

Würde sie nur aus zusammengewachsenen Wirbeln bestehen, wäre sie so starr wie ein Besenstiel. Durch die Bandscheiben ist die Wirbelsäule in alle Richtungen beweglich, denn die Bandscheiben ermöglichen auch

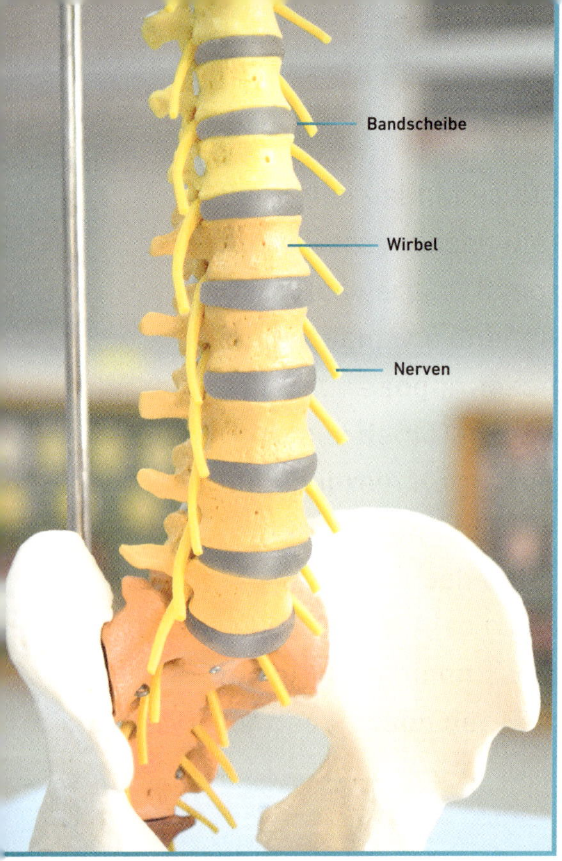

So ein Modell steht bei vielen Ärzten auf dem Schreibtisch. Es zeigt, wie unsere Wirbelsäule aufgebaut ist.

drehende und seitliche Bewegungen der Wirbelkörper zueinander. Dadurch können wir uns nach vorne, nach hinten und zur Seite biegen. Die Bandscheiben haben durch ihren besonderen Aufbau noch eine andere wichtige Aufgabe. Sie dienen als eine Art Stoßdämpfer und federn Stöße und Erschütterungen ab. Bandscheiben sind keine harten und knöchernen, sondern ziemlich elastische Gebilde. Sie bestehen aus einem fasrigen äußeren Ring und einem weichen gallertartigen Kern. Ihr könnt euch das ein bisschen wie bei einem Puddingteilchen vorstellen, das in der Mitte einen Puddingkern hat und von Teig umhüllt ist. Der knorpelige Ring begrenzt den inneren, weichen Kern, der sich durch die Bewegungen der Wirbelsäule verformen kann. Die elastischen Kerne bestehen bis zu 85 Prozent aus Wasser und können, wie ein Gelkissen, bei Druck nachgeben. Tagsüber lastet das Gewicht des Oberkörpers auf der Wirbelsäule, egal, ob wir sitzen, laufen oder stehen. Auch die **Schwerkraft** übt einen großen Druck aus.

Schrumpft die Wirbelsäule dann im Tagesverlauf?

Ja, denn durch das Gewicht des Oberkörpers und die Schwerkraft werden die Wirbel und die Bandscheiben zusammengepresst. Ein Teil der Flüssigkeit wird so aus den Bandscheiben herausgedrückt. Sie werden insgesamt etwas dünner, jede Bandscheibe nur ein klein wenig, aber insgesamt wird es deutlich messbar. Der Mensch ist dann ungefähr 2 Zentimeter kleiner als am Morgen. Abends im Bett ist der Druck auf die Bandscheiben am kleinsten. Deshalb können sie über Nacht wieder etwas von der Flüssigkeit aufnehmen. Fast so wie bei einem vollgesogenen Schwamm: Drückt ihr ein Gewicht, zum Beispiel einen Backstein, auf einen Schwamm, wird Wasser herausgepresst. Nehmt ihr den Stein wieder hoch, saugt sich der Schwamm mit dem Wasser aus seiner Umgebung wieder voll. Und genau so, wie der Schwamm wieder seine ursprünglichen Ausmaße erreichen kann, vergrößern sich in der Nacht auch die Bandscheiben wieder, und wir erreichen morgens wieder unsere volle Größe.

Mausschlau!

Bei älteren Menschen können sich die Bandscheiben über Nacht nicht mehr so gut erholen. Das ist der Grund dafür, dass ausgewachsene Menschen im Alter häufig ein paar Zentimeter kleiner sind als in ihrer Jugend.

Jeder Mensch muss ab und zu niesen und viele Tiere übrigens auch. Ihr wisst natürlich längst, dass ihr bei einer Erkältung oder einem Schnupfen niesen müsst. Denn dann ist die Nase durch den Schleim verstopft und muss gereinigt werden. Aber auch Staub, Pollen, Sonnenstrahlen, bestimmte Gerüche oder ein Juckreiz können Niesen auslösen, damit die Nase wieder frei wird. Manchmal niest man nur ein einziges Mal, oft schießt aber auch eine ganze Salve von Niesern hintereinander aus der Nase. Und bei jedem Nieser gilt: Mit einer hohen Geschwindigkeit wird die Luft durch die Nasengänge nach draußen geblasen. Aber wie schnell kann so ein Nieser eigentlich sein? Und was passiert, wenn Menschen niesen?

Die Nase verbindet die **Lunge** über die Nasenlöcher mit der Außenwelt. Die beiden Nasenlöcher münden zuerst in die sogenannte **Nasenhöhle**. Diese Höhle ist mit dem Rachen verbunden, der bis zum **Kehlkopf** und zur **Luftröhre** reicht. Die gesamte Nase ist mit einer feuchten Schleimhaut wie mit einer Tapete ausgekleidet. In ihr liegen winzige Drüsen, die pausenlos Schleim produzieren.

Die meisten Staub- oder Schmutzpartikel, die durch die Nasenlöcher in die Nase gelangen, werden von den längeren Haaren am Rand der Nasenlöcher abgefangen. Wenn das aber nicht gelingt, dringen die winzigen Teilchen weiter in die Nase ein und reizen damit die **Nasenschleimhaut**. Dieser Reiz kann durch eine Allergie, Pfeffer, Sonnenstrahlen oder einen Krankheitserreger ausgelöst werden. Aber egal wodurch, sobald die Nasenschleimhaut den Reiz wahrnimmt, sendet sie eine Meldung an das Gehirn, dass etwas Störendes entfernt werden muss.

Der anschließende Nieser ist die Lösung. Über den **Niesreflex** stoßen wir schnell eine große Luftmenge aus der Nase und dem Mund heraus. Dazu wird im ersten Schritt Luft ganz tief in die Lungen eingesogen. Danach ziehen sich die Muskeln im Brust- und Bauchbereich rund um die Lungen schlagartig zusammen und das **Zwerchfell** wird nach oben gedrückt. Die Luft schießt dann fast explosionsartig aus der Lunge heraus.

Durch den hohen Druck und die extreme Geschwindigkeit werden auch die kleinsten Fremdkörper aus der Nase mitgerissen.

Ein Nieser kann nämlich eine Luftgeschwindigkeit von mehr als 160 km/h erreichen. Das entspricht der Windgeschwindigkeit von einem Orkan! Das ist wirklich wahr: Die Luft saust mit orkanartiger Geschwindigkeit aus den Lungen, durch die Luftröhre, den Rachen und durch die Nase. Klar, dass sie bei dieser Geschwindigkeit alles mitreißt, was sich ihr in den Weg stellt. Genau so, wie ein Orkan auch alles mitnimmt, was ihm in die Quere kommt.

Hatschi! Beim Niesen kneifen wir die Augen automatisch fest zusammen.

Warum niest man oft dreimal hintereinander?

Und wenn ein Nieser nicht ausreicht, um die Nase wieder freizubekommen, niest der Körper einfach noch einmal und vielleicht noch einmal. All das läuft automatisch ab, ohne dass wir darüber bewusst nachdenken. Die Wucht eines Niesers ist so heftig, dass der ganze Körper einmal durchgeschüttelt wird und wir die Augen automatisch fest verschließen. Warum das so ist, haben Wissenschaftler noch nicht eindeutig geklärt. Sie vermuten aber, dass die Augen so vor dem Fremdkörper und vor allem vor der Flüssigkeit geschützt werden sollen. Denn feucht sind die meisten Nieser schon. In Versuchen wurde festgestellt, dass ein richtiger Sprühnebel entsteht und einige Tröpfchen bis zu drei Meter weit fliegen.

Mausschlau!

Wenn ihr niest, hört ihr bestimmt oft: »Gesundheit«, »Wohl bekomm's« oder »Hand vor den Mund«. Alles gut gemeinte Wünsche und Ratschläge. Trotzdem solltet ihr nicht eure Hand vor den Mund halten, wenn ihr niesen müsst. Denn bei einem Schnupfen landen auch die Krankheitserreger in euren Händen, und ihr verteilt sie überall, wenn ihr Türklinken öffnet, Hände schüttelt oder Geschirr anfasst. Besser ist es, in seine Armbeuge zu niesen. Sie kommt nicht mit so vielen Dingen in Berührung. Ansonsten heißt es: Hände waschen!

Kann man an den Punkten das Alter von Marienkäfern ablesen?

Marienkäfer sind auf der ganzen Welt bekannt und gelten in vielen Ländern als beliebter Glücksbringer. Die meisten Menschen lächeln sogar, wenn der kleine, auffällige Käfer zufällig auf ihrer Hand oder ihrem Arm landet. Fast automatisch zählt man die Punkte auf seinem Rücken. Und dabei taucht immer wieder die Frage auf, ob man an den Punkten wirklich das Alter des Marienkäfers ablesen kann?

Die Antwort ist kurz: Nein, das kann man nicht, denn die Punkte sagen nichts über die Tage, Wochen oder Monate aus, die der Käfer schon gelebt hat. Ob ein Käfer 2, 4, 5, 7, 10, 11, 13, 14, 16, 17, 18, 19, 22 oder sogar 24 Punkte hat, hängt von der Marienkäferart ab.

Die Anzahl der Punkte ist von Art zu Art unterschiedlich und bleibt das ganze Käferleben gleich.

Allein in Deutschland leben über 70 verschiedene Marienkäferarten, weltweit sind es mehr als 5.000 Arten. Bei den meisten Arten sind die Punkte schwarz, aber es gibt auch Marienkäfer mit ganz hellen, roten oder braunen Punkten. Der Körper, genauer gesagt die **Deckflügel**, ist häufig glänzend und leuchtend rot. Es gibt auch Käfer mit gelben oder schwarzen Flügeln. Egal, wie unterschiedlich die Färbung der halbkugeligen Käfer auch ist, eins haben alle Arten gemeinsam: Sie fallen durch ihre außergewöhnliche Färbung und die Punkte auf.

Dass die auffällige Farbe natürlich keine **Tarnung** sein kann, ist euch bestimmt klar. Ganz im Gegenteil: Der bunte Körper mit den Punkten soll auffallen und dadurch Fressfeinde abschrecken. Bei Vögeln, Eidechsen, Mäusen und räuberischen Insekten soll die Farbe signalisieren: »Ich bin mit Vorsicht zu genießen. Rührt mich nicht an.« Dies ist ein bewährter Trick in der

Natur. Ein roter Körper mit dunklen Punkten oder Flecken wird beispielsweise auch von Feuerwanzen und Rotbauchunken genutzt. Auch sie versuchen, wie die Marienkäfer, mit einer auffälligen Körperfärbung Fressfeinde abzuschrecken. Der giftige Fliegenpilz setzt auf die **Signalwirkung** rotweiß und warnt mit einem roten Schirm und weißen Tupfen wie ein Stoppschild vor seinem Verzehr. Selbst für uns Menschen sind die Farben rot/schwarz oder rot/weiß immer mit einer Warnung verbunden. Das bekannteste Beispiel hierfür ist das rotweiße Stoppschild. Rotschwarze Schilder machen uns dafür auf Baustellen oder Steinschlag aufmerksam.

Schreckt die rote Farbe alle Feinde ab?

Wenn sich die Fressfeinde durch die Warnfarbe aber nicht abhalten lassen, greift der Marienkäfer zu deutlicheren Zeichen. Über kleine Öffnungen an seinen Beingelenken und Flügeln kann er eine übelriechende Flüssigkeit absondern, die aus seinem eigenen Blut besteht. Wenn das auch nicht hilft, zieht der Käfer seine Beine ein und stellt sich tot.

Wenn ihr schon mal einen Marienkäfer auf der Hand hattet, kennt ihr diese kleinen gelben Tröpfchen vielleicht und habt sie auch schon gerochen.

Ein Marienkäfer schlüpft aus der Puppenhülle.

Für uns Menschen ist die Flüssigkeit nicht gefährlich, aber Ameisen kann der Käfer damit erfolgreich in die Flucht schlagen. Das ist wichtig für die Käfer, denn Ameisen begegnen sie oft. Vor allem auf Pflanzen, die von Blattläusen befallen sind, kämpfen Marienkäfer und Ameisen um die Läuse. Die Ameisen verteidigen die Blattläuse gegen Fressfeinde und bekommen dafür etwas vom **Honigtau** der Läuse. Ameisen lieben diese zuckerhaltige Flüssigkeit, die von den Läusen ausgeschieden wird. Die Marienkäfer hingegen sind nicht an dem Honigtau der Läuse interessiert, sondern an den Läusen selbst. Sie wollen sie fressen.

Ein erwachsener Marienkäfer kann 50 bis 100 Blattläuse pro Tag vertilgen, der Appetit der Larven ist allerdings noch größer.

Deswegen legen die Weibchen die Eier gerne auf Blättern ab, die stark von Läusen befallen sind. Wenn die Larven geschlüpft sind, fangen sie sofort an zu fressen und wachsen sehr schnell. Bis zu ihrer **Verpuppung** wächst die Larve schnell und hat an die 3.000 Läuse gefressen. Die meisten Larven sind zwar dunkel gefärbt, sie haben aber auch schon warnende gelbe oder orangefarbene Punkte auf der Haut, um Fressfeinde zu verscheuchen. Zusätzlich haben manche Arten auch noch Dornen oder lange Haare, um so richtig unappetitlich zu wirken.

Wenn die Larve groß genug ist, verpuppt sie sich. Manche Puppen nehmen dann eine unauffällige dunkle Farbe an, andere sind bunt gefärbt. Sechs bis acht Tage später schlüpft aus der bewegungslosen Puppe ein heller Käfer. Es dauert einige Stunden, bis er seine typische Färbung entwickelt hat und die Punkte deutlich zu sehen sind. Und dann hat der frisch geschlüpfte Käfer genauso viele Punkte wie seine Geschwister, seine Eltern und alle anderen Vorfahren, die diese Marienkäferart hat.

Mausschlau!

In den letzten Jahren taucht der asiatische Marienkäfer immer häufiger in Deutschland auf. Ursprünglich wurde der Käfer von Gärtnern wegen seines großen Appetits zur Blattlausbekämpfung in Gewächshäusern eingesetzt. Einige Käfer entkamen und vermehrten sich sehr stark. Mittlerweile kommt er in ganz Deutschland vor, ist eine der häufigsten Arten geworden und verdrängt sogar einige der heimischen Arten. Der asiatische Marienkäfer kann rot, gelb oder schwarz gefärbt sein und eine unterschiedliche Anzahl von Punkten haben. Allerdings hat er niemals sieben Punkte auf einem schwarzen Körper, sodass eine Verwechslung mit unserem bekannten Siebenpunkt ausgeschlossen ist. Ihr könnt den asiatischen Marienkäfer leicht an einer w-förmigen Zeichnung auf seinem Halsschild erkennen. Im Englischen wird dieser Marienkäfer übrigens wegen seiner unterschiedlichen Färbung Harlekinkäfer genannt.

Warum landen Katzen immer auf ihren vier Pfoten?

Katzen sind hervorragende Kletterer und richtige Akrobaten. Habt ihr auch schon mal staunend verfolgt, wie sie auf ihren vier Samtpfoten über ein schmales Fensterbrett balancieren und dabei keinen Blumentopf herunterwerfen? Auch wenn sie über Dächer laufen, Mäusen nachjagen und auf Bäume klettern, sorgen ihre geschmeidigen Bewegungen und ihr extrem beweglicher Körper immer wieder für Bewunderung. Wenn Katzen aus größerer Höhe auf den Boden fallen oder springen, ist das aber noch faszinierender. Denn sie landen immer auf ihren vier Pfoten, selbst wenn sie mit dem Rücken voran fallen. Und sofort taucht die Frage auf: Wie machen sie das eigentlich?

Auch junge Kätzchen sind schon wahre Meister im Springen!

Forscher beschäftigten sich viele Jahrzehnte mit diesem Phänomen und führten Versuche durch, bei denen sie einiges über den Körper der Katzen herausfanden. Sie stellten zum Beispiel fest, dass Katzen einen Körper haben, der sich besonders gut für Kletterkünste eignet. Katzen haben ein ungewöhnlich bewegliches **Skelett**, das gleichzeitig stabil und elastisch ist. Ihre Wirbelsäule besteht aus 7 Hals-, 13 Brust-, 7 Lenden- und 3 Kreuzwirbeln, zu denen natürlich auch noch die 20 bis 23 Schwanzwirbel gezählt werden.

Der Schwanz dient der Katze als Balancierstange, Ruder und Steuer.

Außerdem fehlt Katzen am Schultergelenk das Schlüsselbein. Sie haben an dieser Stelle nur noch einen kleinen bedeutungslosen Knochen. Deshalb können sie ihre Schulter stark eindrehen und sich durch enge Spalten zwängen. Ihre Muskulatur besteht aus vielen kräftigen Muskeln, die darauf eingestellt sind, schnell und flexibel zu arbeiten. An den Hinterbeinen und im hinteren Rücken sind sie besonders stark und ermöglichen sehr weite und hohe Sprünge. Es gibt Katzen, die aus dem Stand drei Meter hoch springen können oder mit einer Geschwindigkeit von 50 km/h einen Satz von zwei Metern Weite machen können. Damit erreichen sie im Sprung innerhalb von Sekunden die Geschwindigkeit eines Autos im Stadtverkehr. Auch der Gleichgewichtssinn der Katze arbeitet schnell und genau. Er liegt im Innenohr, wie bei uns Menschen, und meldet in kürzester Zeit jede Änderung der Lage im Raum an das Katzenhirn.

All diese Erkenntnisse beantworten aber immer noch nicht die Frage, wie die Katze im freien Fall die halbe Drehung um ihre eigene Achse, also vom Rücken auf den Bauch, schafft. Denn es widerspricht eigentlich dem Naturgesetz, dass sich ein fallender Gegenstand aus eigener Kraft in eine Drehung versetzen kann. 1894 erklärte die Akademie der Wissenschaften in Paris dies sogar zu einem »wissenschaftlichen Problem« und rief die Bevölkerung auf, nach einer Lösung zu suchen. Bis zu diesem Zeitpunkt waren die Wissenschaftler der Ansicht, die Katze würde sich beim Absprung abstoßen und so den Antrieb zur Drehung bekommen.

Und wer konnte das Rätsel lösen?

Der Erfinder und Wissenschaftler **Etienne-Jules Marey** lieferte schließlich die Lösung. Er hatte eine Kamera erfunden, mit der er sechzig Bilder in der Sekunde aufnehmen konnte. Mit dieser Kamera fotografierte er fallende Katzen aus verschiedenen Blickwinkeln. Er hängte die Bilder aneinander und schaute sie sich wie »in Zeitlupe« an. Dabei wurde klar, dass die Katze sich nicht abstößt. Der Trick besteht vielmehr darin, dass sie sich in zwei Abschnitten dreht. Im ersten Abschnitt dreht sie ihren Vorderkörper schnell gegen den Boden und zieht dabei die Vorderbeine eng an den Körper. Dabei hält sie die Hinterbeine im rechten Winkel weit weggestreckt vom Körper. So dreht sich der Vorderkörper schnell, während sich das Hinterteil wegen der lang gestreckten Beine nur leicht in die Gegenrichtung dreht. Im zweiten Abschnitt streckt die Katze die Vorderpfoten und zieht die hinteren Füße an, sodass die hintere Körperhälfte sich in dieselbe Richtung dreht.

Ihr kennt dies bestimmt von Eiskunstläufern, die diesen Trick auch nutzen, um Pirouetten zu drehen. Werden die Arme eng an den Körper gehalten, nimmt die Geschwindigkeit der Pirouetten zu, und die Eiskunstläufer drehen sich viel schneller als mit lang ausgestreckten Armen.

Mit modernen Hochgeschwindigkeitskameras wurde später herausgefunden, dass Katzen dazu auch ihren

Kurz bevor die Katze den Boden erreicht, streckt sie alle viere von sich und macht einen Buckel, um den Aufprall abzufangen.

Schwanz einsetzen. Wenn sie fallen, drehen sie ihn leicht, um eine Punktlandung auf vier Pfoten zu schaffen. Erstaunlicherweise brauchen Katzen für die gesamte Drehung, die auch **Stellreflex** genannt wird, nur eine Achtelsekunde.

Weil die Katze während des Sprungs ihren Körper also in zwei unterschiedlichen Schritten dreht, erreicht sie den Boden immer auf allen vieren. Ein toller Trick, mit dem sie sogar Naturgesetze überlisten kann.

Mausschlau!

Es gibt Katzen, die noch viel weiter und höher springen als unsere Hauskatzen. Den Weitsprungrekord hält der Puma mit mehr als 11 Metern. Er kann auch aus einer Höhe von mehr als 15 Metern in die Tiefe springen, ohne sich zu verletzen.

Haben Giraffen im ganzen langen Hals Halsschmerzen?

Giraffen sind die höchsten Tiere der Welt. Ein ausgewachsener Giraffenbulle kann bis zu 5,80 m groß werden. Das ist ungefähr so hoch wie drei übereinandergestellte große Männer. Der Kopf einer Giraffe thront auf einem fast 2,50 m langen Hals. Damit der Kopf sicher und stabil getragen wird, hat die Giraffe besonders starke Halsmuskeln und ziemlich große Halswirbel entwickelt. Im Prinzip ist der Hals so ähnlich aufgebaut wie bei allen Säugetieren. Es gibt eine Speiseröhre, eine Luftröhre, Blutgefäße, Nerven und den Kehlkopf, der den Übergang vom Rachen in die Luftröhre bildet. Es ist nur alles sehr, sehr viel länger und größer. Wie muss sich da eine Giraffe fühlen, wenn sie mal Halsschmerzen hat?

In der afrikanischen Savanne wandern Giraffen von einer Schirmakazie zur nächsten und rupfen mit hoch erhobenem Haupt die Triebe und Blätter ihres Lieblingsbaums ab.

Ein Giraffenhals ist etwas ganz Besonderes. Obwohl er unglaublich lang ist, wird er aus nur sieben **Halswirbeln** gebildet. So wie bei uns Menschen und den meisten anderen Wirbeltieren. Unsere Halswirbel sind ungefähr drei Zentimeter lang und der gesamte Hals kann eine Länge von 20 Zentimetern erreichen. Bei der Giraffe kann schon ein einzelner Wirbel 40 Zentimeter lang werden. Die Wirbel werden von starken Muskeln, Bändern und Sehnen gestützt. Die **Speiseröhre** hat eine Rekordlänge von ungefähr 1,60 Metern.

Auch die **Luftröhre** einer Giraffe ist außergewöhnlich. Sie ist etwa so lang wie die Speiseröhre und hat einen Durchmesser von vier bis fünf Zentimetern. Ihr könnt euch die Luftröhre wie einen Schlauch mit dem Durchmesser eines Teelichts vorstellen. Damit die Luftröhre stabil ist, wird sie zusätzlich durch Knorpelringe verstärkt. Insgesamt passen drei Liter Luft in diese Röhre, in der sich frische und verbrauchte Luft ständig mischen. Deshalb muss eine Giraffe fast doppelt so oft atmen wie der Mensch. Während wir mit ungefähr zwölf Atemzügen pro Minute auskommen, macht die Giraffe an die 20 Atemzüge.

Beim Menschen entstehen Halsschmerzen meistens im Rachen oder am Übergang von der Luftröhre zum **Kehlkopf**. Wenn sich an diesen Stellen bestimmte Bakterien oder Viren auf den **Schleimhäuten** festsetzen und zu stark vermehren, lösen sie schmerzhafte Entzündungen aus. Bei der Untersuchung nimmt der Arzt einen Spatel, drückt die Zunge damit runter und schaut im Hals nach Rötungen oder geschwollenen **Lymphknoten**. Manchmal nimmt er dann sogar eine winzige Probe von den Krankheitserregern, um sie sich genauer unter dem Mikroskop anzusehen.

Wie untersucht der Tierarzt die Giraffe?

Bei einer Giraffe ist das alles komplizierter. Der Tierarzt kann ja nicht einfach mit einem Riesenspatel zur Giraffe ins Gehege gehen und sie bitten, mal eben

Sag mal »ahhh«! Giraffen haben nicht nur einen langen Hals, sondern auch eine sehr lange Zunge.

»Aaah« zu sagen und ihre violette Zunge rauszustrecken. Bevor ein Tierarzt eine Giraffe untersucht, muss ihren Pflegern eine Veränderung aufgefallen sein. Wenn die Giraffe weniger frisst und trinkt als vorher oder wenn sie teilnahmslos im Gehege herumsteht, benachrichtigen die Pfleger den Zootierarzt. Bei relativ zahmen Giraffen gelingt es dem Tierarzt und den Pflegern manchmal, die Giraffe vorsichtig in eine Ecke des Geheges zu bringen, damit sie sich das Tier genauer anschauen können. Wenn die Giraffe im Mundwinkel etwas **Ausfluss** hat, ihre Nase läuft oder sie sogar hustet, könnte es eine Erkältung mit einer Halsentzündung sein. Und wenn sie Halsschmerzen hat, ist es wie bei uns überwiegend im Kehlkopfbereich, weil sich die Krankheitserreger hier besonders gut festsetzen können. Manchmal können sich bei ihr aber auch die **Speicheldrüsen** oder die Lymphknoten im Kieferwinkel entzünden. Die Giraffe bekommt dann Schmerzmittel und **Antibiotika**. Ist eine Giraffe sehr scheu, oder muss der Hals richtig von innen angeschaut werden, geht das nur unter **Vollnarkose**. Dann schiebt der Tierarzt die 50 cm lange Zunge beiseite, sieht sich die Halsschleimhaut näher an und macht einen Abstrich. Da Giraffen aber einen sehr empfindlichen Kreislauf haben und sie jede Betäubung stark belastet, versuchen die Tierärzte, solche Untersuchungen zu vermeiden. Normalerweise treten die Entzündungen und damit auch Halsschmerzen bei Giraffen ausschließlich im Rachen und im oberen Halsbereich auf.

Halsschmerzen auf 1,60 m Länge oder mehr müssen die Tiere also glücklicherweise im Normalfall nicht ertragen.

Mausschlau!

Um das Gehirn mit ausreichend Sauerstoff versorgen zu können, brauchen Giraffen ein ungewöhnlich starkes Herz. Das Blut muss nämlich vom Herzen in den Kopf gepumpt werden. Und das sind über 2,50 m! Das Herz einer ausgewachsenen Giraffe pumpt 60 Liter Blut pro Minute in den Körper und ist 11 kg schwer. Das ist ungefähr so viel, wie ein anderthalb Jahre altes Kind wiegt.

Wie kann ein Schlangenbeschwörer Schlangen tanzen lassen?

Habt ihr schon mal im Zirkus, im Urlaub oder im Fernsehen einem Schlangenbeschwörer zugesehen und euch gefragt, wie man diese Reptilien dressieren kann? Können Schlangen wirklich zur Musik tanzen? Normalerweise sitzt der Schlangenbeschwörer auf einem bunten Teppich und hat einen Korb mit Deckel vor sich. Mit großen Worten und wild gestikulierend holt er eine Art Flöte hervor. Oft ist das ein Flaschenkürbis, der ein kleines Mundstück aus Holz oder Metall hat. Schauen die Zuschauer gebannt auf den Korb, nimmt der Magier den Deckel ab. Ohne Furcht fängt er an zu spielen. Schon nach kurzer Zeit erscheint der Kopf einer Schlange züngelnd an der Korböffnung.

Meist sind es Kobras, Vipern oder Nattern, die sich langsam aus dem Korb erheben. Sie bewegen sich hin und her oder vor und zurück. So wie das Instrument. Doch die Schlange ist nicht dressiert, sie würde sich auch gar nicht dressieren lassen. Der Beschwörungstrick klappt aus ganz anderen Gründen: Wenn der **Schlangenbeschwörer** den Deckel öffnet, ist die Schlange zunächst vom Tageslicht geblendet. Sie versucht, etwas gegen das Licht zu erkennen, und starrt deswegen ununterbrochen auf den ersten Gegenstand, der sich bewegt. Und das ist das Instrument, das der Schlangenbeschwörer hin und her schwenkt. Die Schlange fühlt sich hierdurch stark bedroht und geht in eine Abwehrhaltung. Sie verfolgt mit ihren Augen den scheinbaren Feind, das Flöteninstrument, ganz genau. Deshalb bewegt sie ihren Kopf in der gleichen Weise, um jederzeit zubeißen zu können. Wenn es sich bei der Schlange um eine Kobra handelt, spreizt sie ihren Hals weit auf und sieht besonders beeindruckend aus. Manchmal halten Schlangen das Instrument auf den ersten Blick auch für einen Artgenossen. Eine zusätzlich an das Instrument angebrachte Feder reizt und stresst die Schlange noch mehr, weil sie darin ein Beutetier sieht. Die Schlange bewegt sich also nicht – wie der Schlangenbeschwörer einen glauben machen will – tanzend zur Musik.

Vielmehr nimmt die Schlange der Flöte gegenüber eine deutliche Abwehrhaltung ein.

Es gibt noch einen weiteren Grund, aus dem sich die Schlange züngelnd aus dem Korb erhebt. Schlangen riechen mit der Zunge und nehmen so ihre direkte Umgebung wahr. Am vorderen Ende ist die Zunge gespalten und fährt häufig aus dem Mund heraus und wieder hinein. Die Zungenspitzen geben die aufgefangenen Geruchsstoffe aus der Luft an eine kleine Vertiefung im Gaumen ab. Sie wird **Jacobson-Organ** genannt und kann die Gerüche erkennen. So können Schlangen über den Geruch zum Beispiel ein Beutetier verfolgen oder einen Artgenossen für die Paarung suchen. Durch die beiden Zungenspitzen kann die Schlange sogar zwei unterschiedliche Gerüche gleichzeitig wahrnehmen.

Diese Schlange tanzt nicht, sondern schreckt vor dem grellen Licht und der Flöte zurück.

Und was ist mit der Musik?

Sie hat gar keinen Einfluss auf die Schlange, da die meisten Schlangen für diese Töne taub sind. Sie besitzen kein Außenohr und können deshalb den Schall, der durch die Luft übertragen wird, nicht wahrnehmen. Schlangen haben allerdings ein empfindliches Innenohr, mit dem sie den Bodenschall in Form von Erschütterungen wahrnehmen können, aber nur, wenn ihr Kopf auf dem Boden liegt. Vom Unterkiefer werden die Erschütterungen dann über verschiedene Knochen zum Innenohr weitergeleitet.

Die Geschichte von den Schlangenbeschwörern und ihren tanzenden Schlangen stimmt also nicht, sondern ist eher ein Märchen aus 1001 Nacht. Die Schlange ist nicht dressiert, sondern reagiert mit ihren angeborenen Instinkten auf das Instrument.

Mausschlau!

In Indien gibt es noch sehr viele Schlangenbeschwörer. Ihnen werden teilweise magische Fähigkeiten zugeschrieben. Einige Schlangenbeschwörer erzählen sogar, dass sie sich mit Schlangen unterhalten und Geheimnisse von ihnen erfahren können. Deswegen werden dort Schlangenbeschwörer schon seit Jahrhunderten sehr geschätzt.

Hunde und Katzen gehören seit vielen Jahren zu den beliebtesten Haustieren in Deutschland. Vielleicht sind sie auch eure Lieblingstiere und ihr wisst durch Bücher schon eine ganze Menge über sie. Oder ihr könnt die Vierbeiner regelmäßig beobachten, da ihr selbst Hunde oder Katzen habt oder bei euren Freunden welche wohnen. Dann ist euch bestimmt schon mal aufgefallen, dass Katzen und Hunde ab und zu gerne Gras fressen, manchmal richtig große Mengen. Ist Gras so besonders lecker oder steckt noch etwas anderes dahinter?

Katzen und Hunde gehören zu den **Raubtieren** und sind Fleischfresser. Sie ernähren sich überwiegend, aber nicht ausschließlich von Fleisch. Hunde brauchen neben Fleisch auch Knochen, Haut, Innereien und regelmäßig pflanzliche Nahrung, zum Beispiel Getreideflocken. Auch wenn ein Besitzer seinen Hund gesund ernährt, frisst der Vierbeiner trotzdem gerne mal Gras. Als Erklärung hierfür wurden die verschiedensten Behauptungen aufgestellt. Es wurde überlegt, ob die Hunde so einen Mangel an Nährstoffen, zum Beispiel Mineralien, ausgleichen, oder ob sie mit dem Gras ihren Magen gegen spitze Knochenstücke abpolstern. Es gab auch Vermutungen, dass die Hunde auf diese Weise ihren Bedarf an **Ballaststoffen** decken. Andere Hundehalter waren sich sicher, dass Hunde mit Magenschmerzen besonders häufig Gras fressen und danach erbrechen, weil sie sich den Magen verdorben haben.

Habt ihr auch schon mal einen Hund gesehen, der Gras frisst?

An der Tierärztlichen Hochschule Hannover wurde zu diesem Thema vor einigen Jahren eine Untersuchung gemacht. Es ist tatsächlich so, dass fast alle Hunde immer mal wieder Gras fressen. Aber die

Wissenschaftler konnten nicht bestätigen, dass sie das zu einer bestimmten Jahreszeit oder bei Wetteränderungen besonders gerne taten. Bei ihren Untersuchungen konnten sie ausschließen, dass Hunde aus Mangel an Mineralien oder aus einem Hungergefühl an Grashalmen nagen. Auch eine Magenverstimmung oder Übelkeit scheidet als Grund aus, denn viele Hunde mussten nach der grünen Mahlzeit überhaupt nicht brechen.

Es scheint eher so zu sein, dass Hunde Gras fressen, wenn sie eigentlich etwas anderes tun möchten.

Einige Wissenschaftler deuten das Grasfressen daher als **Verlegenheitsreaktion** oder **Übersprungshandlung**. Das heißt, der Hund möchte beispielsweise jagen oder Beute reißen. Weil das nicht möglich ist, frisst er zur Ablenkung Grashalme. Sobald der Hund auf etwas anderes aufmerksam wird, lässt er vom Gras ab. Deswegen wird dieses Verhalten zurzeit als ein Überbleibsel von den Vorfahren unserer Haushunde gedeutet, das ohne besondere Bedeutung immer wieder auftritt.

Fressen Katzen auch Gras, um sich abzulenken?

Katzen haben sich in den letzten Jahren vom **Nutztier** zum Stubentiger entwickelt. Früher hatten sie die Aufgabe, die Getreidevorräte und Ställe mäusefrei

Gras zu fressen scheint ein ziemlich normales Verhalten für Hunde und auch für Katzen zu sein.

zu halten, und versorgten sich weitestgehend selbst mit Nahrung. Heute werden sie als beliebte Haustiere gestreichelt, verwöhnt und gefüttert. Die meisten Katzen werden sehr gesund ernährt, trotzdem fressen sie regelmäßig Gras. Einige Besitzer verunsichert das, und sie fragen sich, ob ihrer Katze etwas fehlt.

Genauso wie bei den Hunden gibt es auch bei Katzen verschiedene Erklärungen für das Grasfressen.

Viele Menschen glauben, dass Katzen besonders gerne Gras fressen, nachdem sie sich geputzt haben. Eine

Katze leckt sich hierbei ausführlich mit ihrer Zunge über das Fell und schluckt dabei eine Menge eigener Haare. Nach der Fellreinigung kann es sein, dass sie in Gras eingewickelte Haarballen erbricht, um diese Fremdkörper wieder loszuwerden. Die meisten Wissenschaftler gehen aber davon aus, dass Katzen häufig auf Grashalmen kauen, wenn ihnen ein bestimmter Stoff, die **Folsäure**, fehlt. Folsäure ist ein Vitamin, das für ein gesundes Wachstum wichtig ist und Blutarmut verhindert.

Es gibt zwar ganz unterschiedliche Erklärungen für das Grasfressen, aber im Normalfall ist es kein Zeichen dafür, dass es dem Tier schlecht geht.

Mausschlau!

Katzen, die zwischendurch auch draußen herumlaufen, haben genügend Möglichkeiten, Gras zu fressen. Bei den Stubentigern, die sich ausschließlich im Haus aufhalten, ist ein Topf mit Katzengras wichtig, da die Katzen sonst an giftige Zimmerpflanzen gehen und diese als Ersatz fressen.

Müssen Fische eigentlich auch rülpsen oder pupsen?

Essen und Trinken sind für euch selbstverständlich und überlebenswichtig. Denn über die Nahrung bekommt ihr die Energie, die ihr für alle Dinge im Leben braucht. Egal, ob ihr arbeitet, lauft, spielt, Sport macht oder ein Stückchen wachst. Ohne Nahrung geht es nicht. Euer Körper verdaut sie, nimmt alle wichtigen Nährstoffe auf und scheidet den Rest, den er nicht verwerten kann, als Urin oder Kot wieder aus. Oder ab und zu auch als Luft, denn manchmal müsst ihr rülpsen oder pupsen. Dann gibt der Körper gasförmige Stoffe ab, die bei der Verdauung entstanden sind. Und genau so, wie ihr zwischendurch mal rülpsen oder pupsen müsst, passiert das auch den Kühen, Pferden oder Hunden. Aber wie ist es mit Tieren, die unter Wasser leben? Können Fische auch rülpsen oder pupsen?

Um an die Inhaltsstoffe zu gelangen, muss die Nahrung verdaut werden. Hierzu wird sie häufig erst mit den Zähnen zerkleinert und dann hinuntergeschluckt. In Magen und Darm wird sie von **Verdauungssäften** und Bakterien weiter abgebaut und in immer kleinere Teile zerlegt. Hierbei kann sich Gas bilden, das den Körper wieder als Rülpser oder Blähung verlässt. Beim Menschen entsteht ein Rülpser beispielsweise, wenn er zu viel oder zu schnell kohlensäurehaltige Getränke wie Mineralwasser, Limonade oder Sekt getrunken hat. Auch durch schnelles oder hastiges Essen gelangt mehr Luft in den Magen. Ist der Druck im Magen zu groß, wird die Luft aufgestoßen und ist als Rülpser hörbar. Bei Tieren, die wie Kühe als **Wiederkäuer** besonders viel Gras und Kräuter verdauen, entstehen außerdem große Mengen an **Methangas** im Magen. Dieses Gas wird von den Tieren wieder abgegeben. Bei Fischen ist es ähnlich. Bilden sich zu viele Gase im vorderen Verdauungstrakt, müssen sie wieder raus und steigen als kleine Bläschen aus dem Maul auf. Genauso ist es mit der Luft, die Fische manchmal schlucken, wenn sie direkt an der Wasseroberfläche fressen. Auch sie steigt in kleinen Bläschen wieder nach oben. Rülpsen können Fische also schon mal.

Und was ist mit dem Pupsen?

Die Gase, die bei der Verdauung im Darm entstehen, verlassen unseren Körper als Blähungen. Wenn die **Darmbakterien** hierbei auch schwefelhaltige Stoffe herstellen, stinkt es manchmal ziemlich unangenehm. Auch Tiere müssen die überschüssige Luft aus ihrem Darm loswerden. Besonders Bauern und Hundebesitzer wissen, wie unangenehm das riechen kann. Für Fische ist es sogar besonders wichtig, die entstandenen Gase aus dem Darm zu entsorgen. Würde sich zu viel Luft in ihrem Körper ansammeln, würden sie wie ein Wasserball an die Wasseroberfläche aufsteigen und könnten nur noch unter größten Schwierigkeiten schwimmen. Also rülpsen und pupsen sie! Forscher haben noch einen zweiten, sehr spannenden Grund für das Pupsen der Fische gefunden:

Es ist bewiesen: Fische können pupsen. Heringe machen das sogar ganz bewusst, um in den unterschiedlichsten Tönen mit ihren Artgenossen zu kommunizieren.

Die Pupsgeräusche dienen einigen Fischarten zur Verständigung!

Das ist kein Scherz, sondern tatsächlich wissenschaftlich bewiesen. Heringe können bewusst Luft aus ihrem Darm in die **Schwimmblase** pressen und über eine zweite Öffnung am After wieder abgeben. Hierbei entstehen die unterschiedlichsten Töne, die über sieben Sekunden lang und basstief bis extrem hoch sein können. Wissenschaftler vermuten, dass sich die Fische besonders gerne nachts und in großen Schwärmen auf diese Art verständigen, weil ihre »Unterhaltungen« dann richtig laut werden können.

Mausschlau!

Die Schwimmblase ist ein besonderes Organ, das die Fische mit Luft füllen, um den Auftrieb zu erhalten, der sie im Wasser schweben lässt. Übrigens: Heringe aus dem Pazifischen Ozean scheinen sich vielseitiger zu unterhalten als ihre Artgenossen aus dem Atlantik. Das konnten Forscher mit einem Unterwassermikrofon nachweisen.

Bestimmt ist euch schon einmal aufgefallen, dass nicht alle Vögel auf die gleiche Art und Weise fliegen. Durch unterschiedliche Lebensumstände haben sie verschiedene Flugtechniken entwickelt. Amseln und Rotkehlchen fliegen im Ruderflug und bewegen dabei ihre Flügel ständig auf und ab. Schwalben und Möwen beherrschen den energiesparenden Gleitflug und gleiten mit wenigen Flügelbewegungen und mit ausgebreiteten Flügeln durch die Luft. Den Segelflug nutzen Bussarde und Geier. Sie schrauben sich in erwärmter, aufsteigender Luft nach oben, und Falken können als Rüttelflieger sogar in der Luft stehen, also auf der Stelle fliegen. Aber gibt es auch Vögel, die rückwärts fliegen können?

Ja, es gibt tatsächlich Vögel, die rückwärts fliegen können! Das sind die Kolibris. Wie die Falken können auch die Kolibris in der Luft stehen, aber sie können dazu auch noch rückwärts fliegen! Das ist einzigartig. Während alle anderen Vögel vorwärts fliegen, um ihr Ziel zu erreichen, muss der Kolibri, um weiterzukommen, manchmal erst rückwärts fliegen.

Schauen wir uns das Leben eines Kolibris mal näher an. Über 300 verschiedene Arten leben zwischen Alaska in Nordamerika und der Inselgruppe Feuerland an der Spitze Südamerikas. Alle Kolibris ernähren sich von Blütennektar, und jede Kolibriart hat sich einen Lebensraum ausgesucht, in dem nur bestimmte Blüten vorkommen.

Im Spanischen haben Kolibris den passenden Namen »Picaflor«, was so viel heißt wie Blütenpicker. Um den Nektar verschiedenartiger Blüten trinken zu können, haben diese Vögel sehr unterschiedliche Schnabelformen entwickelt. Es gibt lange, kurze, gebogene und gerade Schnäbel. Doch egal, wie der Schnabel geformt ist, der Kolibri steckt ihn tief in das Blüteninnere hinein. Dann kann er mit seiner schmalen, gespaltenen Zunge den energiereichen Nektar vom Grund der Blüte trinken. Dabei schnellt seine Zunge über 150-mal in der Minute aus dem Schnabel.

Während der Kolibri trinkt, verharrt er im sogenannten Schwirrflug vor der Blüte.

Ihr Rückwärtsflug und die verschiedenen Schnabelformen machen die Kolibris so einzigartig, dass sie Nektar aus Blüten trinken können, der für andere Vögel unerreichbar bleibt.

Das heißt, er bewegt seine Flügel so, dass er vor der Blüte »stehen« bleibt. Das gelingt den Kolibris, weil sie ihre Flügel nicht wie andere Vögel auf und ab bewegen, sondern rasch vor und zurück. Die Flügelspitzen bewegen sich dabei in einer Art flach liegender Acht. Hat der Kolibri genug Nektar getrunken, verlässt er die Blüte wieder. Und dies ist der Moment, in dem der kleine Vogel den Rückwärtsgang einlegt. Er ist so tief in die Blüte eingetaucht, dass er zunächst ein kleines Stückchen rückwärts fliegen muss, bevor er in eine andere Richtung weiterfliegen kann. Hierzu kippt er die Gelenke seiner Flügel nach vorne und die Flügel beschreiben eine Art aufgerichteter Acht. Jetzt wird die Luft nicht nach hinten gedrückt, sondern gleichzeitig nach vorne und unten. Ihr könnt euch das wie beim rückwärts Ausparken eines Autos vorstellen.
Das Auto muss erst rückwärts aus der Lücke

fahren, um in einer anderen Richtung weiterzufahren. So, wie der Autofahrer den Rückwärtsgang einlegt und damit die Drehrichtung der Räder ändert, ändert der Kolibri die Bewegung seiner Flügel, indem er die Gelenke im Flügel abknickt, ein Stückchen rückwärts fliegt und dann die nächste Blüte ansteuert.

Warum gelingt der Schwirrflug ausgerechnet den Kolibris?

Der Schwirrflug ist aufgrund der extrem schnellen Bewegungen von über 50 Flügelschlägen pro Sekunde eine sehr energieaufwendige Flugtechnik und nur von Leichtgewichten machbar. Aber das sind die Kolibris allemal. Sie wiegen je nach Art zwischen 1,6 und 20 g. Damit sind die schwersten Kolibriarten gerade mal so schwer wie ein normaler Brief und die leichtesten Kolibris sind zugleich auch die kleinsten Vögel der Welt. Dies sind die **Bienenelfen**, die vom Schnabel bis zur Schwanzspitze gerade mal knapp sechs Zentimeter messen. So kleine Körper können natürlich keine großen Energie- oder **Fettreserven** anlegen, sodass sie

fortwährend Energienachschub brauchen und ständig Nektar trinken müssen. Ihr **Stoffwechsel** arbeitet sehr schnell, das bedeutet, alles, was als Nahrung reinkommt, wird in Energie umgesetzt und sofort wieder verbraucht.

Auch ihr extrem schneller Herzschlag ist eine Anpassung an den anstrengenden Schwirrflug.

Für die kalten Nächte haben die Kolibris deshalb richtige Energiespartricks entwickelt. Sie senken ihre Körpertemperatur während der Nacht um die Hälfte ab, von ungefähr 42 °C auf 20 °C. Dabei fallen sie automatisch in eine Art Starre, das Herz schlägt langsamer und sie atmen weniger. Auf diese Art und Weise sparen sie jede Nacht überlebenswichtige Energie. Nur der Greifreflex der Füße funktioniert noch, damit die Vögel beim Schlafen nicht vom Ast fallen.

Mausschlau!

Kolibris werden auch häufig als fliegende Edelsteine bezeichnet. Das hängt mit ihrer außergewöhnlichen Farbenpracht zusammen. Viele Kolibris sind auffällig gefärbt und haben metallisch schimmernde Federn.

Natürlich wisst ihr, dass jeder Mensch von Geburt an einen Bauchnabel hat. Es ist der Überrest der Nabelschnur, die kurz nach der Geburt des Babys durchtrennt wird. Während der Schwangerschaft wird das ungeborene Kind über die Nabelschnur mit allen wichtigen Nährstoffen und Sauerstoff versorgt. Die Nabelschnur bildet sozusagen die Versorgungsleitung zwischen Mutter und Kind. Und wie ist das bei Tieren, zum Beispiel Küken?

Nicht nur menschliche Babys werden über eine **Nabelschnur** versorgt, sondern auch die Jungen der meisten **Säugetiere**. Egal ob bei Hunden, Katzen, Affen, Löwen oder Kamelen, die **Embryos** sind über eine Nabelschnur mit dem Muttertier, genauer gesagt mit dem Mutterkuchen, verbunden. Der Mutterkuchen ist ein Organ, das während der Schwangerschaft gebildet wird. Er gibt nährstoffreiches Blut für den Embryo an die Nabelschnur ab und nimmt sauerstoffarmes Blut auf. In der Fachsprache heißt der Mutterkuchen **Plazenta**. Alle Tiere, die im Bauch heranwachsen und über eine Nabelschnur versorgt werden, heißen deshalb Plazentatiere. Küken sind junge Vögel, also keine Säugetiere und somit auch keine Plazentatiere. Sie wachsen in befruchteten Eiern heran, aber haben tatsächlich auch eine Art Nabelschnur, über die sie mit dem Eidotter verbunden sind.

Die Entwicklung des Kükens beginnt schon lange, bevor das Ei gelegt wird. Wenn sich ein Vogelmännchen und ein Vogelweibchen paaren,

Die Entwicklung eines Hühnerkükens

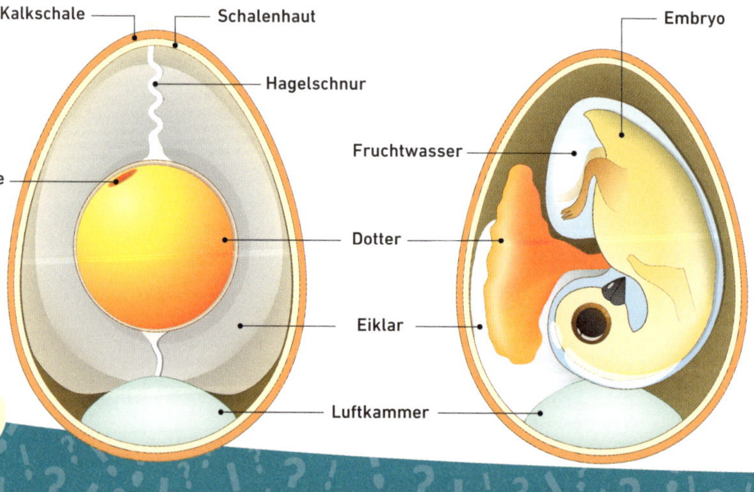

Auch Küken werden im Ei über eine Art Nabelschnur mit Nährstoffen versorgt. Nach dem Schlüpfen bleibt bei ihnen ein Nabel zurück, der aber später nicht mehr zu sehen ist.

schwimmen die männlichen Samenzellen in den Eileiter. Hier wird eine Eizelle befruchtet, die den **Dotter** enthält und damit die größte bekannte Zelle im Tierreich ist. Sie wandert weiter durch den Eileiter und wird von **Eiklar** umhüllt, das von den Wänden des Eileiters abgegeben wird. Danach werden die **Schalenhaut** und die **Kalkschale** gebildet.

Nachdem das Ei gelegt worden ist, darf es nicht mehr auskühlen und muss ständig warm gehalten werden.

Aus der befruchteten Eizelle bildet sich die sogenannte Keimscheibe, die sich in kurzer Zeit zum Embryo entwickelt. Während der ganzen Entwicklungszeit wird das Küken im Ei vom Dotter versorgt. Über eine kurze Schnur, die so ähnlich wie unsere Nabelschnur ist und Hagelschnur genannt wird, gelangen die Nährstoffe vom Eigelb zum Küken.

Was passiert beim Schlüpfen?

Kurz bevor das Küken schlüpft und seine Entwicklung fast vollständig abgeschlossen ist, geschieht etwas Erstaunliches: Das Küken zieht die Reste des Dottersacks durch die Schnur und den Nabel in seinen eigenen Bauchraum. Danach schließt sich der Nabel. Mit diesem inneren Nahrungsvorrat kann sich das Küken noch ein bis zwei Tage selbst versorgen, nachdem es geschlüpft ist. Danach muss es dann fressen. Wenn das Küken schlüpft, drückt es erst ein Loch mit dem Eizahn in die Schale. Dann befreit es nach und nach seinen ganzen Körper aus der Schale. Der Nabelschnurrest trocknet am Bauch des Kükens ein. Hiervon merkt der kleine Vogel allerdings nichts, da die Nabelschnur, wie bei uns Menschen, keine Nerven besitzt. Zurück bleibt ein Nabel, der bei ausgewachsenen Vögeln aber nicht mehr sichtbar ist.

Mausschlau!

Bei neugeborenen Babys kann sich der Bauchnabel manchmal entzünden, wenn Bakterien in die Wunde eindringen. Das kann auch bei einem Küken passieren. Wenn das Küken schlüpft und der Nabel noch nicht vollständig geschlossen ist, können Krankheitskeime in das Küken eindringen. Das kann für das kleine Küken sogar tödlich sein. Aus diesem Grund solltet ihr auch nie einem Vogelküken beim Schlüpfen aus der Schale helfen.

Warum haben manche Tiere Schnurrbärte?

Was haben Räuber Hotzenplotz und Charlie Chaplin mit Tigern, Robben und Mäusen gemeinsam? Den Bart, genauer gesagt den Schnurrbart! Männer tragen einen Schnurrbart als Schmuck oder um ihren persönlichen Stil auszudrücken. Die Bärte können sich deshalb in Form, Farbe und Länge deutlich voneinander unterscheiden. Bei Tieren ist das aber anders, hier haben die Barthaare eine äußerst wichtige Aufgabe: Sie dienen als Sinnesorgan.

Obwohl Schnurrbärte oder Schnurrhaare nichts mit dem Schnurren von Katzen zu tun haben, besitzen alle katzenartigen Tiere ausgeprägte **Tasthaare**. Neben den Katzen haben auch hundeartige Tiere Tasthaare. Die sogenannten **Vibrissen**, wie diese Sinneshaare von Wissenschaftlern genannt werden, findet ihr bei fast allen Säugetieren. Auch Mäuse, Maulwürfe oder im Wasser lebende Raubtiere, wie Robben, verlassen sich auf die Signale, die sie über diese Haare empfangen.

Die meisten Tiere haben nur im Gesicht **Vibrissen**. Oft sind es dickere, längere und vor allem härtere Haare, die rund um die Schnauze oder die Nase angeordnet sind. Bei einigen Tieren wachsen sie einzeln, bei anderen sprießen sie gleich büschelweise aus der Haut. Katzen haben noch zusätzliche Tasthaare über den Augen und sogar an den Vorderpfoten. Wie alle Haare bestehen auch Vibrissen aus leblosem Material und enthalten keine Nerven. Ihr unteres Ende, die Haarwurzel, ist in einem besonderen **Haarbalg** mit einer blutgefüllten Kapsel in die Haut eingebettet. Wird das Haar am vorderen Ende berührt, bewegt sich auch das Ende im Haarbalg und damit das Blut in der Kapsel. Über viele feinste Nervenendungen werden die winzigen Veränderungen wahrgenommen.

Was ertasten die Tiere denn mit ihren Haaren?

Die Tasthaare geben dem Tier selbst in der Dunkelheit Auskunft über seine Umgebung, über Hindernisse,

Beutetiere oder Gefahren. Einige Tiere können ihre Vibrissen sogar gezielt bewegen, weil die Haarwurzeln von kleinen Muskeln umgeben sind. Wie wichtig Tasthaare für Tiere sind, wird besonders bei Robben deutlich, denn sie fischen oft im Trüben. Aber sogar in trübem, dunklem Gewässer jagen Robben sehr erfolgreich, selbst wenn ihr Hör-, Riech- und Sehvermögen stark beeinträchtigt sind. Die Vibrissen nehmen die kleinen Wasserwirbel wahr, die ein Beutefisch auslöst, wenn er in der Nähe der Robbe vorbeischwimmt. Die Robbe nimmt dann sofort gezielt die Jagd auf.

Mäuse können ganz feine Luftbewegungen mit ihren Tasthaaren wahrnehmen und selbst bei stockfinsterer Nacht ihre Feinde rechtzeitig bemerken und in ihrem Loch verschwinden.

Bei Meerschweinchen konnten Wissenschaftler feststellen, dass sie mit ihren Haaren regelrecht »sehen« und sich ein umfassendes Bild ihrer Umgebung machen können. Sie wissen genau, ob sie durch eine Öffnung passen, können ohne anzuecken durch kurvige Röhren laufen und ertasten ihre Nahrung.

Ein erblindetes Meerschweinchen kann sich noch gut zurechtfinden, während abgeschnittene Tasthaare für diese Nager ein riesiges Problem darstellen.

Deswegen solltet ihr nie die Schnurrhaare eines Tieres kürzen. Maulwürfe haben neben zahlreichen Tasthaaren im Gesicht auch Tasthaare an den Pfoten und der Schwanzspitze, mit denen sie selbst feinste Erschütterungen der Erde wahrnehmen können. Die Haare sind so feinfühlig, dass sie die Erdbewegung, die ein Regenwurm verursacht, wahrnehmen können.

Mausschlau!

Bei Nacktmullen, die unter der Erde leben, haben die Tasthaare einen ganz besonderen Stellenwert. Sie sind nämlich die einzigen Haare, die ein Nacktmull hat. Dafür haben diese Nagetiere sogar Haare im Mund. Sie liefern ihnen Informationen über die Erde, die sie gerade mit ihren Zähnen ausgraben.

Haben Elefanten wirklich Angst vor Mäusen?

Schaut eine Maus aus ihrem Loch hervor und läuft dann quer durchs Zimmer, könnt ihr die verschiedensten Regungen bei Menschen beobachten. Einige erschrecken fürchterlich und schreien kurz auf, andere springen sogar hysterisch auf einen Stuhl und kreischen laut um Hilfe. Aber es gibt auch Menschen, die in der Maus nur ein süßes, flinkes Tier sehen und sich freuen, wenn sie vorbeihuscht. Egal, ob ihr Mäuse niedlich findet oder eher nicht so süß, ihr wisst mit Sicherheit, dass euch so ein kleines Tier nicht ernsthaft etwas tun kann. Und trotzdem haben viele Menschen panische Angst vor Mäusen, und es gibt sogar Gerüchte, dass selbst Elefanten Angst vor Mäusen haben. Aber wovor sollten die Dickhäuter bei einer Maus Angst haben?

Elefanten sind die größten Landsäugetiere der Welt. Männliche Elefanten, auch Bullen genannt, werden über drei Meter groß und an die fünf Tonnen schwer. Dagegen gehören Mäuse zu den kleinsten Säugetieren. Eine Hausmaus hat ungefähr eine Schulterhöhe von 8 cm und wiegt an die 25 g. Was für ein Unterschied! 320.000 Mäuse wiegen so viel wie ein Elefant. Warum also sollte der Elefant Mäuse bedrohlich finden? Vielleicht weil sie ihm in den Rüssel kriechen, ihn dadurch kitzeln oder er zu wenig Luft bekommt? Oder weil Elefanten sich erschrecken, wenn plötzlich etwas zwischen ihren dicken Stampfern herumhuscht? Da sich die Vorstellung von den ängstlichen Elefanten hartnäckig hielt und weit verbreitet war, beschäftigten sich irgendwann auch Experten mit dem Thema.

Wissenschaftler, Zoodirektoren und Elefantenpfleger waren sich schnell einig, dass Elefanten keine Angst vor Mäusen haben.

Für Zoo- und Zirkuselefanten sind Mäuse sogar etwas ganz Gewöhnliches, weil sie regelmäßig mit neuen Heu- und Strohlieferungen in die Elefantenhäuser kommen. Oft nehmen die grauen Dickhäuter gar keine Notiz von den kleinen Nagetieren. Die Mäuse halten sich ihrerseits gerne in der Nähe der Elefanten auf, weil sie hier alles, was sie für ihr Leben brauchen, in großen Mengen finden. Es ist schön warm im Stall, Stroh und Heu bieten reichlich Nistmaterial und der

Futterplan der Elefanten ist sehr abwechslungsreich. Alles ausgezeichnete Bedingungen für ein angenehmes Mäuseleben.

Stört es die Elefanten auch nicht, wenn die Mäuse über ihre Haut laufen?

Vor einigen Jahren filmte eine Schlafforscherin der Universität Zürich über mehrere Wochen schlafende Elefanten im Zoo. Nachts konnte sie beobachten, wie frech die Mäuse über die schlafenden Elefanten kletterten und ihnen die Futterreste stahlen. Die Elefanten ließen sich von ihnen nicht stören.

Beweisfoto: Die Elefantenkuh August hatte keine Angst vor einer weißen Maus.

1984 wagten die Elefantenpfleger im Allwetterzoo Münster sogar mal einen ganz besonderen Versuch. Sie setzten der asiatischen Elefantenkuh August eine weiße Maus auf den Rüssel und warteten gespannt, was passieren würde. Die kleine weiße Maus ging seelenruhig auf dem Rüssel spazieren und weder August noch die entspannt zuschauende afrikanische Elefantenkuh

Toto schien das irgendwie zu beeindrucken. Schnell nahmen die Pfleger ein Beweisfoto dieser Situation auf, um damit das Gerücht, dass Elefanten Angst vor Mäusen haben, eindeutig zu widerlegen.

Auch bei frei lebenden Elefanten gehen Wissenschaftler davon aus, dass die Dickhäuter durch ihr feinfühliges Wahrnehmungssystem die Mäuse rechtzeitig entdecken und ebenfalls keine Angst oder Panik vor ihnen haben.

Mausschlau!

Über einen robusten, nicht allzu empfindlichen Menschen sagen andere häufig, dass er eine dicke Haut hat, so wie ein Elefant. Offensichtlich spiegelt die dicke Elefantenhaut also auch die Ruhe und Gelassenheit wider, mit der Elefanten den Mäusen im Stall begegnen.

»Nein, das geht bestimmt nicht!«, werdet ihr denken. Wie soll die Wäsche bei eiskaltem Wetter im Winter draußen auf der Leine trocknen? Da gefriert sie doch nur und wird hart, aber bestimmt nicht trocken. Jedes Kind weiß doch, dass nasse Wäsche nur bei Sonnenschein oder Wind draußen gut trocknet, sonst steckt man sie besser in den elektrischen Trockner. Denn: Wärme muss her! Aber fragt mal eure Omas, die haben vielleicht eine andere Erfahrung gemacht und wissen, dass Wäsche selbst bei klirrender Kälte an der Leine trocken wird. Dafür ist jedoch kein Wunder verantwortlich, sondern eine ganz normale physikalische Eigenschaft des Wassers.

Wasser kann flüssig, gefroren oder gasförmig sein. Diese Erscheinungsformen nennt man Aggregatzustände.

Wasser kann flüssig, gefroren oder gasförmig sein. Diese verschiedenen Erscheinungsformen nennen Chemiker **Aggregatzustände**. Unter bestimmten Bedingungen besitzt Wasser die Fähigkeit, von einem in den anderen Zustand zu wechseln. Ihr kennt das alle: Wenn ihr Wasser in einem Topf erhitzt, fängt es nach einiger Zeit an zu kochen. Ihr seht sprudelnde Blasen im Wasser und **Dampf** aufsteigen. Das flüssige Wasser ist in einen gasförmigen Zustand übergegangen. Haltet ihr nun eine kalte Glasscheibe in den Wasserdampf, laufen nach kurzer Zeit Wassertropfen an der Scheibe hinunter. An der kalten Platte hat sich der heiße Dampf abgekühlt und ist zurück in den flüssigen Zustand gewechselt. Kühlt ihr das Wasser jetzt weiter ab, gefriert es zu Eis und wird fest. Es geht vom flüssigen in den festen Zustand über. Natürlich kann das Eis auch wieder schmelzen,

wenn es erwärmt wird. Die Übergänge von Wasserdampf in flüssiges Wasser und von flüssigem Wasser in festes Eis sind für uns normal, etwas Alltägliches. Es gibt aber auch den seltenen Fall, dass gefrorenes Wasser, also Eis oder Schnee, direkt in den gasförmigen Zustand übergeht. Und genau das passiert, wenn nasse Wäsche bei Eis und Schnee an der Leine trocknet.

Kurz nachdem die Wäsche bei Minustemperaturen an die Leine gehängt wurde, gefriert sie.

Die Wasserteilchen im feuchten Stoff werden zu **Eiskristallen**. Dabei wird die Wäsche steinhart. Wenn ihr ein T-Shirt in diesem Zustand falten würdet, könnte es euch passieren, dass der Stoff zerbricht. Jetzt geschieht etwas Erstaunliches: Das Eis löst sich wahrhaftig in Luft auf. Es geht vom festen direkt in den gasförmigen Zustand über. Das ist möglich, weil die Luft bei Frost meistens sehr trocken ist und deshalb den Wasserdampf gut aufnehmen kann. Wissenschaftler nennen diesen Vorgang **Sublimation**. Je trockener die kalte Winterluft ist, umso schneller können die Eiskristalle in der Wäsche als Wasserdampf an die Luft abgegeben werden. Wenn dann noch ein kräftiger Wind bläst, geht das sogar noch schneller.

Früher, als es noch keine Wäschetrockner gab, freuten sich die Hausfrauen deswegen über kaltes Frostwetter. Die Wäsche trocknete teilweise sogar schneller.

Kann gasförmiges Wasser auch direkt in den festen Zustand übergehen?

Wenn ihr wissen möchtet, ob es auch den umgekehrten Weg gibt, bei dem gasförmiges Wasser direkt in den festen Zustand übergeht, müsst ihr euch im nächsten Winter bei Frost einfach mal Bäume und Sträucher genauer ansehen. Herrschen Temperaturen unter null Grad, sind die Zweige morgens oft von Eiskristallen bedeckt, die aus dem Wasserdampf in der Luft entstanden sind. Die Kristallschicht wird **Raureif** genannt und bildet wunderschöne Verzierungen an den Pflanzen.

Mausschlau!

Auch bei bestimmten Lebensmitteln wird die Eigenschaft von Wasser, verschiedene Aggregatzustände anzunehmen, eingesetzt. Löslicher Kaffee und gefriergetrocknete Kräuter werden so länger haltbar gemacht. Der Vorgang heißt Gefriertrocknung und ist besonders schonend für die Nahrung.

Warum gehen manche Geburtstagskerzen, wenn man sie ausgepustet hat, einfach wieder an?

Auf einen Tag im Jahr freut sich eigentlich jedes Kind. Nämlich auf den eigenen Geburtstag. Das Gefühl kennt ihr bestimmt auch, dieses Kribbeln im Bauch, wenn ihr am Abend vor dem Geburtstag ins Bett geht und ganz aufgeregt seid. Am nächsten Morgen ist es dann endlich so weit. Schnell springt ihr aus dem Bett und lauft in die Küche oder ins Esszimmer. Hier wartet der Geburtstagstisch mit Blumen, Kuchen und Geschenken auf euch. Vielleicht singt euch eure Familie auch ein Geburtstagsständchen. Danach müsst ihr die Kerzen auf dem Geburtstagskuchen auspusten, euch etwas wünschen und dann dürft ihr endlich die Geschenke auspacken.

Doch halt, was macht ihr, wenn die Kerzen sich nicht auspusten lassen, sondern immer wieder angehen? Ist hier Zauberei am Werk? Kennt ihr die Kerzen, die immer wieder angehen, obwohl ihr sie gerade ausgepustet habt? Um das Geheimnis der unlöschbaren Kerzen zu lüften, schauen wir uns erst einmal eine ganz normale Kerze an.

Kerzen gibt es wahrscheinlich schon seit mehr als 3.000 Jahren. Die ersten Kerzen wurden aus Stroh gemacht, das die Menschen in Harz oder Fett tauchten. Heute bestehen sie aus einem saugfähigen Docht, der von Wachs umgeben wird. Der Docht ist meist aus geflochtenen Baumwollfäden. Als Wachs werden Bienenwachs, **Paraffin** aus Erdöl oder **Stearin** aus Fetten verwendet. Alle drei Wachse schmelzen schon bei einer ziemlich niedrigen Temperatur, bei ungefähr 60 °C.

Wenn die Kerze mit einem Streichholz oder Feuerzeug am Docht angezündet wird, schmilzt das feste Wachs und steigt am Docht hoch. Gelangt es bis in die heiße Flamme, verdampft es und verbrennt. Hierfür ist auch der Sauerstoff der Luft nötig. Wird die Kerze ausgepustet, steigen **Wachsdämpfe** auf, die wie kleine weißliche Rauchwölkchen aussehen. Hält man jetzt ein Feuerzeug oder ein brennendes Streichholz an die Dämpfe, solange diese noch aufsteigen, kann sich die Kerze wieder entzünden. Genau das ist auch das Geheimnis der unlöschbaren Kerzen.

Es ist ein schöner alter Brauch, dass man sich etwas wünschen darf, während die Geburtstagskerzen ausgepustet werden. Dumm nur, wenn die Kerzen immer wieder angehen – dann kommt man mit dem Wünschen ganz schön schnell durcheinander.

Wenn sie ausgepustet werden, sind wie bei allen Kerzen noch sehr heiße Wachsdämpfe um den Docht herum vorhanden.

Der Docht selbst besteht aber nicht nur aus Baumwollfäden, sondern hat zusätzlich ganz dünne eingeflochtene Metallfäden.

Diese Fäden werden in der Flamme so heiß, dass sie noch einen Moment nachglühen, wenn die Kerze ausgepustet worden ist. Die glühende Metallspitze entzündet dann wiederum die heißen Wachsdämpfe, wenn ausreichend Sauerstoff vorhanden ist, und – schwups – brennt die Kerze wieder.

Gehen solche Kerzen denn immer wieder an?

Wenn ihr nicht damit rechnet, könnt ihr euch ganz schön erschrecken, falls die Kerzen ein zweites oder drittes Mal angehen. Oft muss man viele Male hintereinander diese Kerzen auspusten oder den Docht abschneiden, bis sie wirklich gelöscht sind. Ihr solltet bei diesen Kerzen auch besonders vorsichtig sein, damit ihr euch beim Pusten nicht verbrennt, und wirklich warten, bis die Kerzen endgültig gelöscht sind, bevor ihr sie in den Mülleimer schmeißt.

Mausschlau!

Es gibt auch »singende« Kerzen. Oft stecken sie auf einem Geburtstagskuchen und trällern ein »Happy Birthday«. Diese Kerzen sind am unteren Ende mit einer Art Spieluhr befestigt, die im richtigen Moment angestellt werden kann.

Kann man auf dem Mond Federball spielen?

Bestimmt habt ihr den Mond schon mal am Nachthimmel beobachtet. Seit Tausenden von Jahren fasziniert dieser Himmelskörper die Menschen und ist immer schon Objekt vieler Beobachtungen und Forschungen gewesen. Der Wunsch, den Mond zu besuchen, auf ihm zu landen und für längere Zeit dort zu leben, ist schon sehr alt. Aber erst im Sommer 1969, vor mehr als 50 Jahren, landeten die ersten Astronauten auf dem Mond und zwei Jahre später fuhr dort das erste Mondmobil. Vor Kurzem wurde auf dem Mond auch Wasser in Form von Molekülen, also allerkleinsten Teilchen, und als Eis nachgewiesen.

Seitdem überlegen sich Forscher immer intensiver, wie der Mensch auf dem Mond essen, schlafen, arbeiten – kurz gesagt –, leben könnte. Alles wäre möglich, aber eben etwas anders als auf der Erde, weil sich unsere Körper und alle Gegenstände auf dem Mond anders verhalten.

Auch ein Ball, beispielsweise ein Federball, würde sich auf dem Mond anders verhalten als auf der Erde. Deshalb haben wir mal nachgeforscht, ob man auf dem Mond überhaupt Federball spielen könnte. Meistens wird dieses Spiel zu zweit gespielt. Die Spieler stehen einander gegenüber und schlagen sich den leichten Ball zu. Häufig geht es nur darum, den Ball möglichst lange in der Luft zu halten. Der trichterförmige Ball besteht aus einer runden Kappe, an der entweder 16 Federn oder ein Kunststoffkorb angebracht sind. Der Spieler schlägt gegen diese feste Bodenkappe und der Federball saust durch die Luft. Dabei dreht er sich um 180°, sodass die Kappe nun zum anderen Spieler zeigt.

Die Geschwindigkeit des Balls und seine Flugbahn hängen von ganz verschiedenen Faktoren ab. Natürlich spielen seine **Masse** und die Kraft des Schlages eine große Rolle. Auch der **Luftwiderstand**, so wird die Kraft genannt, die den Ball beim Zusammenstoßen mit den kleinsten Luftteilchen bremst, verändert seine Flugbahn. Zudem übt

die **Anziehungskraft** der Erde, die sogenannte Schwerkraft, einen großen Einfluss auf den Ball aus. Nach dem Abschlag durch den Spieler wirken also unterschiedliche Kräfte auf den Ball und bestimmen seinen Flug. Deswegen müssten sich die Spieler auf dem Mond auf andere Bedingungen einstellen. Grundsätzlich könnten sie hier aber Federball spielen, wenn sie einiges beachten:

1. Der Federball hat auf dem Mond die gleiche Masse wie auf der Erde. Ein Schlag muss also auf dem Mond die gleiche Kraft wie auf der Erde haben, wenn der Ball gleich schnell fliegen soll. Aber die Anziehungskraft des Mondes ist sehr viel kleiner als die Anziehungskraft unserer Erde. Sie beträgt nur ein Sechstel. Das bedeutet, dass der Mond den Ball nicht so stark anzieht und er langsamer nach unten fällt. Dadurch bleibt er länger in der Luft und fliegt sehr viel weiter als auf der Erde.

2. Die zweite Kraft, die normalerweise auf den Ball wirkt, ist der Luftwiderstand. Auf dem Mond spielt der Luftwiderstand keine Rolle, weil es hier keine Atmosphäre gibt. Die Atmosphäre ist die schützende Lufthülle, die unsere Erde umgibt und alles Leben ermöglicht. Da sie dem Mond fehlt, gibt es hier auch keine Luftteilchen, die den Ball abbremsen. Deshalb fliegt der Federball hier ungebremst schneller.

Am 21. Juli 1969 betraten die amerikanischen Astronauten Neil Armstrong und Edwin »Buzz« Aldrin als erste Menschen den Mond. Ob man dort Federball spielen kann, probierten sie leider nicht aus. Aber man weiß: Möglich wäre es!

Ein Ball, der mit der gleichen Kraft wie auf der Erde geschlagen würde, wäre also auf dem Mond sehr viel länger in der Luft. Und er würde auch weiter fliegen.

Die Spieler könnten sich diesen Bedingungen anpassen, indem sie den Abstand zwischen sich vergrößern und geduldig abwarten, bis der Ball wieder in die Nähe des Schlägers kommt. Die Bedingungen, die auf dem Mond herrschen, beeinflussen natürlich auch die Spieler selbst. Wegen der fehlenden Atmosphäre müssten sie wie Astronauten Raumanzüge tragen, um zu atmen. Die Anzüge wären außerdem auch ein Schutz gegen die großen **Temperaturschwankungen**. Auf dem Mond können die Temperaturen nämlich zwischen ungemütlichen 130 und –160 °C liegen.

Und noch etwas wäre anders: Die Spieler könnten weder sich noch einen Schiedsrichter oder Zuschauer hören, da auf dem Mond kein Schall übertragen wird. Ihr wisst bestimmt, dass Geräusche als **Schallwellen** übertragen werden. Damit sie sich ausbreiten können, brauchen sie ein Medium. Das kann Wasser, Luft oder auch ein Gegenstand sein. Da es auf dem Mond keine Luft gibt, können hier keine Geräusche gehört werden. Die Spieler bräuchten also Mikrofon und Kopfhörer in ihrem Helm, um sich zu verständigen.

Mausschlau!

Ob man tatsächlich auf dem Mond Ball spielen kann, testete der amerikanische Astronaut Alan Shepard schon 1971. Er hatte sich zwei Golfbälle und einen Schläger mit auf den Mond genommen. Obwohl er wegen des dicken Raumanzuges nur einhändig spielen konnte, schlug er einen Ball mehrere Hundert Meter weit. Damit wurde er zum ersten und bis jetzt einzigen Ballspieler auf dem Mond.

Warum sieht man sich im Spiegel seitenverkehrt, aber nicht kopfüber?

Euer Spiegelbild begegnet euch jeden Tag immer wieder zwischendurch. Schon morgens, wenn ihr beim Zähneputzen einen verschlafenen Blick in den Spiegel werft, schaut euer Spiegelbild genauso verschlafen zurück. Auf dem Weg zur Schule könnt ihr euch in Schaufensterscheiben, Autospiegeln und sogar in einer Pfütze betrachten. Und euer Spiegelbild macht immer genau das, was ihr auch gerade macht. Fasst ihr euch mit der rechten Hand an die Nase, nimmt auch das Spiegelbild den Arm hoch und fasst sich an die Nase. Aber wieso ist das so? Wenn euch ein Freund gegenübersteht und ihr beide den rechten Arm ausstreckt, berühren sich die Fingerspitzen doch auch nicht, sondern sind sich schräg gegenüber.

Um das zu verstehen, müsst ihr zuerst etwas Grundsätzliches wissen: Wird ein Gegenstand, egal, ob es sich um ein Auto, einen Berg, einen Menschen oder ein Saftglas handelt, von Licht getroffen, verschluckt er einen Teil davon, und der andere Teil des Lichts wird zurückgeworfen. Das Licht wird **reflektiert**. Trifft das Licht, das von eurem Arm oder euren Fingern reflektiert wird, auf einen Spiegel, dringt es zunächst durch eine durchsichtige Glasscheibe und trifft dann auf das Metall **Aluminium**. Die heutigen Spiegel bestehen nämlich meist aus einer sehr glatten, geraden Glasscheibe, die mit einer dünnen Lage Aluminium beschichtet ist. Das Glas bildet eine Schutzschicht für das Metall und lässt die Strahlen durch. Das Aluminium verhält sich aber ganz anders. Es wirft das Licht zurück, und zwar genau so, wie es hereingekommen ist, streng geordnet und im gleichen Winkel. Ihr seht daher ein Spiegelbild, das sich exakt so bewegt wie ihr und jede eurer Bewegungen nachahmt.

Und warum ist das Spiegelbild in einer Pfütze verzerrt?

Dies gilt ausnahmslos für normale Spiegel, die eine gerade glatte Oberfläche haben. Nur sie werfen die Strahlen genau so zurück, wie sie sie empfangen haben. Schaut ihr euch euer Spiegelbild auf einem bewegten Teich oder einer leicht gebogenen Autotür an, wirkt es verzerrt. Dies kommt dadurch zustande, dass die spiegelnde Oberfläche gekrümmt ist. Die

Das Spiegelbild des Fahrrads ist in dieser Pfütze leicht verzerrt. Die Spiegeloberfläche ist hier gekrümmt und wirft die Lichtstrahlen nicht direkt zurück.

Lichtstrahlen werden daher nicht direkt zurückgeworfen, sondern abgelenkt.

Ganz deutlich könnt ihr das bei einem Suppenlöffel sehen. Betrachtet ihr euer Spiegelbild auf der Innenseite des Löffels, erscheint es klein, und es steht auf dem Kopf. Warum denn das? Der Löffel ist rundherum gebogen. Wenn ein Lichtstrahl auf den linken Löffelrand fällt, wird er durch die Biegung des Löffels nach rechts abgelenkt. Und der Strahl, der rechts auf den Löffel fällt, erfährt eine Ablenkung nach links. Da der Löffel auch oben und unten gebogen ist, werden die unten auftreffenden Strahlen nach oben abgelenkt und Strahlen, die auf das obere Ende des Löffels treffen, nach unten. Dadurch steht das Bild in einem nach innen gewölbten Spiegel auf dem Kopf. Solche speziellen Spiegel werden **Hohlspiegel** genannt und zum Beispiel häufig als Vergrößerungsspiegel verwendet.

Die Spiegel, die bei euch im Bad oder in einer Umkleidekabine hängen, betrifft das nicht. Das sind sogenannte **Planspiegel**, die nicht gebogen sind und die Strahlen nicht ablenken. Die Strahlen werden direkt dorthin zurückgeworfen, von wo sie gekommen sind. Das Spiegelbild ist ein genaues Abbild von euch: spiegelverkehrt, aber nicht kopfüber. Daher kommt übrigens auch das Wort »Spiegel«. Es leitet sich vom lateinischen Wort **»speculum«** ab, was übersetzt **»Abbild«** bedeutet.

Abbilder werden übrigens auch bei der **Spiegelschrift** verwendet, die oft als Geheimschrift genutzt wird. Bei dieser Geheimschrift könnt ihr die Worte erst richtig lesen, wenn ihr das Blatt gegen einen Spiegel haltet. Versucht es doch mal hiermit:

FRAG DOCH MAL DIE MAUS!

Mausschlau!

Als es noch keine Spiegel gab, haben sich die Menschen in ruhigen Teichen oder Seen angeschaut. Manchmal wurden flache Schalen mit dunklem Grund mit Wasser gefüllt, weil man sich in ihnen gut betrachten konnte. Später wurden blank geputzte Metallplatten aus Silber oder Kupfer benutzt. Erst viel später wurden Glasplatten mit Silber beschichtet und stellten die Vorläufer unserer heutigen Spiegel dar.

Gibt es auch eckige Seifenblasen?

Kinder lieben sie – und die meisten Erwachsenen auch. Bunt und schillernd fliegen Seifenblasen durch die Luft und lassen sich vom leichtesten Luftstoß treiben. Die meisten Menschen schauen ihnen staunend hinterher, bis die Blasen plötzlich platzen. Und auf einmal haben alle das Bedürfnis, selbst Seifenblasen zu pusten. Es ist fast ansteckend. Wenn ihr euch mit einer selbst gemachten Seifenblasenlösung auf den Spielplatz stellt, habt ihr nach kurzer Zeit nicht nur Zuschauer, sondern bestimmt auch einige Mitmacher. Und sicherlich bekommt ihr auch einige Tipps, wie ihr die Seifenblasenlösung noch verbessern könnt. Vielleicht gibt es ja auch eine Lösung, die eckige Seifenblasen entstehen lässt?

Hierzu haben sich schon sehr viele Wissenschaftler Gedanken gemacht, besonders **Mathematiker**. Durch verschiedene Versuche war schnell klar, dass es nicht an der Seifenlösung selbst liegen kann. Es gibt hierfür leicht unterschiedliche Rezepte, die mal größere, mal kleinere oder stabile und weniger stabile Blasen zulassen, aber alle Blasen nehmen eine kugelige Form an.

Auch die Form des Pusters ist nicht für die Kugelform entscheidend. Der Puster ist der Stab mit der kreisförmigen Öffnung, den ihr in die Seifenlauge haltet und an dem die Blasen entstehen. Selbst an vier- oder dreieckigen Pustern entstehen rundliche Blasen. Ihr könnt das leicht ausprobieren, wenn ihr einen Drahtbügel als Puster nehmt und ihn in eine eckige Form biegt.

Es muss also etwas mit der Blase selbst, mit ihrer Entstehung zu tun haben. Die hauchdünnen Gebilde sind aus Wasser und einer Seifenlösung. Die Seifenlösung besteht hauptsächlich aus Verdickungsmittel, wie

Seifenblasen können klein und groß sein, sie können auch bunt schillern – aber eckig können sie nicht sein.

Zucker oder Maismehl, und **Tensiden**. Tenside sind Stoffe, deren kleinste Bestandteile an einem Ende wasserabweisend und am anderen Ende wasseranziehend sind. Wenn Tenside mit Wasser in Berührung kommen, können sie eine wichtige Eigenschaft des Wassers verändern. Sie setzen die **Oberflächenspannung** von Wasser herab.

Wie funktioniert das?

Normalerweise liegen die Wasserteilchen sehr eng aneinander, so als würden sie sich festhalten. Durch diese Kraft entsteht eine Spannung, die wie ein dünner Film auf der Wasseroberfläche liegt. Wasserläufer nutzen diese Spannung zum Beispiel aus, wenn sie über die Wasseroberfläche eines Teichs flitzen. Wenn aber Tenside zum Wasser geschüttet werden, löst sich die Kraft zwischen den einzelnen Wasserteilchen, und sie werden beweglicher.

Taucht ihr mit dem Puster in die Seifenlösung ein, bleibt an ihm eine Haut hängen. Sie besteht aus drei Schichten. In der Mitte ist Wasser, an das sich auf beiden Seiten eine dünne Schicht aus Tensiden angelagert hat. Dadurch wird die Oberflächenspannung des Wassers herabgesetzt und die Wasserhaut wird elastischer. Sie wölbt sich kugelig nach außen und dehnt sich richtig aus, sobald ihr vorsichtig Luft hineinblast. Irgendwann wird die Blase zu groß und die Haut löst sich vom Puster. Fast

im selben Augenblick schließt sich die Blase blitzschnell zur Kugel und fliegt durch die Luft. Die Seifenblase gehorcht in diesem Augenblick ganz automatisch einem **Naturgesetz**. Sie nimmt die bequemste, energiesparendste Form an.

Denn Kugeln sind die Formen, die mit der kleinsten Oberfläche den größten Raum einschließen können.

Sie sind hier ein absoluter Spitzenreiter, denn in eine Kugel passt im Vergleich zu einem Würfel bei gleicher Fläche viel mehr Inhalt rein. Deshalb kommt die Kugelform in der Natur häufig vor, wenn möglichst viel wertvoller Inhalt umschlossen werden muss. Beeren und Eier sind hierfür schöne Beispiele.

Aber es gibt eine Ausnahme: Wenn mehrere Seifenblasen im Seifenschaum aneinanderstoßen, bilden sie häufig ein pyramidenähnliches Gebilde. Die Seitenflächen dieser Blasen haben dann auch Ecken und könnten somit tatsächlich als »eckige Seifenblasen« bezeichnet werden. Die Winkel der Seitenflächen dieser Blasen werden, wie bei den einzelnen kugelförmigen Seifenblasen, nach dem energiesparenden Minimalprinzip gebildet.

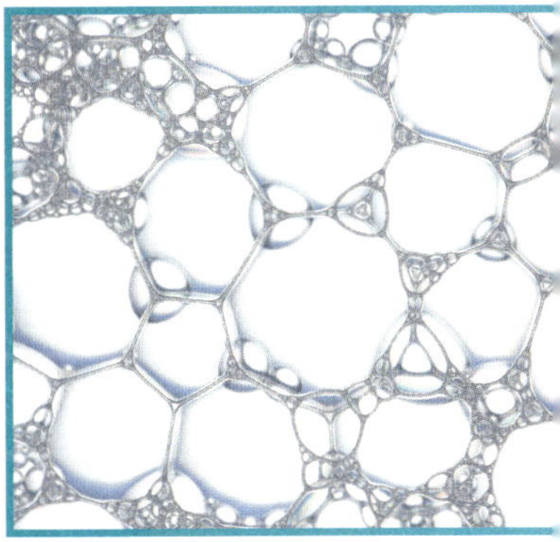

Nur im Seifenschaum sehen die zusammengestoßenen Blasen eckig aus – löst sich der Schaum wieder auf, sind die einzelnen Blasen natürlich wieder kugelförmig.

In der Luft schillern Seifenblasen ganz wunderbar in vielen verschiedenen Farben. Vielleicht wisst ihr schon, dass weißes Licht eigentlich aus mehreren Farben zusammengesetzt ist. Wenn Lichtstrahlen von der Sonne auf die durchsichtigen Seifenblasen treffen, werden sie zurückgeworfen. Das ist so ähnlich wie bei einem Spiegel. Da es allerdings eine äußere und eine innere Schicht der Blase gibt, legt das zurückgeworfene Licht von innen einen etwas längeren Weg zurück als das Licht von der äußeren Seite der Blase. Dadurch werden bestimmte Lichtanteile regelrecht ausgelöscht. Dann fehlt ein Teil des weißen Lichts und die Blase erscheint bunt. Irgendwann macht es aber: Patsch! Und die Blase platzt. Leider halten Seifenblasen nicht besonders lange, denn auch bei diesen zarten Gebilden wirkt die **Schwerkraft**. Die Flüssigkeit wird zum unteren Ende der Blase gezogen, und am oberen Ende der Kugel wird die Haut immer dünner, bis sie schließlich zerreißt.

Mausschlau!

Wasserverdunstung ist übrigens ein weiterer Grund, aus dem eine Seifenblase platzen kann. Wenn ihr eine Seifenblase in einem Marmeladenglas mit Deckel einsperrt, könnt ihr ihre Lebensdauer manchmal ein bisschen verlängern.

Kann der Schlag eines Schmetterlingsflügels einen Tornado auslösen?

Seit Jahrtausenden erforschen Wissenschaftler die Welt. Sie versuchen, durch ihre Forschung die Vorgänge in der Natur zu verstehen und zu erklären. Schon bei den alten Griechen erkannten einige Denker, dass die Natur bestimmten Regeln folgt. Viele dieser Regeln werden daher Naturgesetze genannt. Im Laufe der Jahrhunderte gab es immer mehr Erkenntnisse. Einige davon waren so bahnbrechend, dass sie das Weltbild und die Vorstellung von der Natur stark veränderten.

Als zum Beispiel der italienische Wissenschaftler Galileo Galilei im 16. Jahrhundert eindeutig beweisen konnte, dass die Erde keine Scheibe ist, mussten die Menschen eine lang geglaubte Vorstellung von der Welt aufgeben. Auch die Entdeckung der Schwerkraft durch den englischen Naturforscher Isaac Newton veränderte die Wissenschaft sehr stark. Um 1960 erhielt der amerikanische Wetterkundler Edward Lorenz ein völlig unerwartetes Ergebnis bei seinen Forschungen. Dieses Ergebnis wurde durch die Frage »Kann der Schlag eines Schmetterlingsflügels in Brasilien einen Tornado in Texas auslösen?« weltberühmt. Denn aufgrund von Lorenz' Erkenntnissen mussten viele Wissenschaftler umdenken und etliche Grundsätze mussten noch einmal neu gedeutet werden. Aber was genau hatte er herausgefunden?

Eigentlich wollte **Edward Lorenz** in seinem Institut nur ein Modell zur Wettervorhersage entwickeln. Er fütterte seinen Computer mit Unmengen von Wetterdaten und ließ ihn rechnen. Sicherheitshalber wiederholte er die Berechnungen noch ein zweites Mal. Da die Computer zu der Zeit ziemlich langsam arbeiteten, versuchte er, die Rechenzeit zu vermindern, indem er die Daten leicht verkürzt in den Computer eintippte.

Als Lorenz die Ergebnisse später miteinander verglich, staunte er nicht schlecht. Die erste Rechnung hatte ein ganz anderes Ergebnis als die zweite Rechnung.

Und es war nicht nur ein kleiner, sondern ein dramatisch großer Unterschied zwischen den beiden Ergebnissen. Daraus schloss Lorenz:

Auch kleinste Veränderungen können langfristig eine große Wirkung zeigen.

Denn obwohl Lorenz die Zahlenwerte bei der zweiten Eingabe nur geringfügig verändert hatte, zeigte das Computerergebnis später einen riesigen Unterschied. Um sein Ergebnis in Vorträgen verständlich darzustellen, entwickelte er für seine Schlussfolgerungen ein Bild: Wenn eine Möwe mit dem Flügel schlage, könne dieser Luftstoß das Wetter verändern. Später wurde hieraus die berühmte Frage: »Kann der Schlag eines Schmetterlingsflügels in Brasilien einen Tornado in Texas auslösen?« Damit ist natürlich nicht wirklich gemeint, dass der Flügelschlag einen Tornado auslösen muss, lediglich dass er es könnte, weil selbst kleinste Veränderungen eine große Wirkung haben können. Das gilt vor allem für Vorgänge, die von vielen Größen beeinflusst werden. So, wie das zum Beispiel beim Wetter der Fall ist: Es wird durch die Energie der Sonne, durch unterschiedliche Temperaturen, den Luftdruck und verschiedene Luftströmungen beeinflusst. Dadurch ist die Wetterlage so empfindlich, dass selbst die kleinste Änderung, wie der zarte Schlag eines Flügels, durch den eine zusätzliche Luftbewegung entsteht, langfristig irgendwo auf der Welt das Wetter

Beim Billardspiel könnt ihr die Auswirkungen von minimalen Veränderungen erkennen. Das Spiel verläuft immer anders und ist nicht vorhersehbar.

beeinflussen könnte. Und damit hatte Lorenz gezeigt, dass es in der Natur verwobene Vorgänge gibt, deren Auswirkungen langfristig nicht vorhersehbar sind. Wissenschaftler fassen dies unter dem Begriff der **Chaostheorie** zusammen.

Wo kann man diesen Effekt noch beobachten?

Da die Entstehung des Wetters eine ziemlich schwer verständliche Sache ist, könnt ihr diesen Effekt vielleicht einfacher in eurem alltäglichen Leben erkennen. Wenn ihr beim Billard zuschaut, werdet ihr feststellen, dass selbst die besten Spieler einen Spielverlauf nie exakt wiederholen können. Die Kugel wird mit einer etwas anderen Kraft gestoßen, an einer anderen Stelle getroffen und bekommt an der Bande einen leicht anderen Dreh. Auch die Reibung der Kugel auf dem Tisch kann geringfügig anders sein. All das führt zu einer anderen Lage der Kugeln auf dem Billardtisch. Ein weiterer Zuschauer, der sich an den Tisch stellt, sogar der Luftzug, der durch das Husten eines Spielers ausgelöst wird, können für eine Veränderung sorgen. Und wenn eine Kugel nur ein klitzekleines bisschen anders rollt, ändern sich alle folgenden Spielzüge. Der Verlauf des Spiels ist nicht vorhersehbar.

Mausschlau!

Einige Jahrzehnte, bevor Edward Lorenz seine Untersuchungen durchführte, entwickelte der französische Mathematiker Henri Poincaré bereits die Grundzüge der Chaostheorie. Er bewies, dass sich die Umlaufbahnen von zwei Himmelskörpern, wie Mond und Erde, noch genau berechnen lassen. Sobald aber ein dritter Himmelskörper, zum Beispiel die Sonne, dazugenommen wird, können die Umlaufbahnen nicht mehr genau vorausberechnet werden, da das System dann schon zu komplex ist.

Was haben sich die Erfinder der Konservendose von Blütenblättern abgeschaut?

Um zu überleben, haben Tiere und Pflanzen unendlich viele Tricks entwickelt. Einige dieser Tricks sind so genial, dass der Mensch sie auf seine Erfindungen übertragen hat. Es gibt sogar eine Wissenschaft, die **Bionik**, die sich ausschließlich damit beschäftigt. Ihre Forscher schauen sich die Vorbilder aus der Natur genau an, um neue Techniken zu entwickeln oder zu verbessern. Wenn ihr jetzt lest, dass der Salzstreuer die Samenkapsel einer Mohnpflanze als Vorbild hatte und eine Klette Pate für den Klettverschluss stand, könnt ihr das bestimmt schnell nachvollziehen.
Was sich allerdings die Erfinder der Konservendose von Blütenblättern abgeschaut haben, ist nicht so offensichtlich.

Eine Konservendose ist ein Behälter, in dem Lebensmittel für längere Zeit aufbewahrt werden können, ohne dass sie schlecht werden. Auf den ersten Blick sieht es so aus, als sei die **Konserve** nichts anderes als eine runde Blechdose, die oben und unten einen Deckel und rundherum ein Papieretikett hat. Im Supermarkt stehen die Dosen nebeneinander und hintereinander in Reihen. Fällt so eine Reihe aus Versehen mal aus dem Regal, knallen die Dosen auf den harten Boden. Kaputt geht dabei aber keine einzige Dose, sie bekommen höchstens mal eine kleine Beule. Wenn ihr euch eine leere Konservendose anschaut, seht ihr, wie dünn und leicht ihr Blech ist. Dass sie trotzdem so extrem stabil ist, verdankt sie einem Trick, der in der Natur ziemlich häufig zu beobachten ist.

Konservendosen werden aus Weißblech hergestellt. Das ist ein dünner, platt gewalzter Stahl. Er wird mit einer ganz dünnen Schicht Zinn überzogen, damit das Blech nicht rostet. Dadurch erhält das Weißblech seinen hellen Schimmer, von dem es auch seinen Namen hat. Das Blech ist oft nur 0,2 bis 0,4 mm dick. Es wird in kleine Stücke geschnitten und zu dreiteiligen Dosen weiterverarbeitet. Boden, Rumpf und Deckel werden herausgestanzt. Der Dosenrumpf wird an einer Maschine, dem Bodymaker, rund gebogen und an der Längskante verschweißt. In nächsten Schritt werden mehrere Querrillen in den Dosenrumpf eingestanzt, sogenannte **Sickungen**.

Es sind diese Rillen, die der Dose ihre enorme Stabilität geben.

Für die Hersteller ist dies ein großer Vorteil, denn sie können hierdurch dünneres Blech verwenden und verbrauchen so weniger Rohstoffe. Im Anschluss an das Sicken wird der Boden mit dem Dosenrumpf verbunden. Der Deckel folgt natürlich erst, nachdem die Dose in einer Lebensmittelfabrik mit einem Lebensmittel befüllt worden ist. Die verschlossene Dose wird dann für einige Zeit extrem erhitzt, um die Lebensmittel haltbar zu machen und Keime abzutöten. Durch die Hitze entwickelt sich ein hoher Druck, der von den Sickungen aufgefangen wird und verhindert, dass die Dose aufplatzt. Zum Schluss bekommt die Dose noch ein bedrucktes Papieretikett, das auf den Rumpf geklebt wird. In den meisten Fällen sind die Rillen oder Sickungen dann gar nicht mehr zu sehen.

Und wo findet man solche Rillen in der Natur?

Als Vorbild für die Sickungen der Konservendosen gelten tatsächlich die Rillen und Falten verschiedenster Blätter. Außerdem sind bei einigen Pflanzen zusätzliche Blattrippen als Verstärkung zu sehen. Häufig liegen sie in den kleinen Falten und stabilisieren das Blatt, das nur an einer winzigen Stelle mit dem Ast oder dem Blütengrund verbunden ist. Besonders gute Beispiele sind die **Fächerblume** mit ihren ganz zarten Blütenblättern und die

grünen Blätter der Fächerpalme. Ihre gefalteten Blätter sorgen dafür, dass die Pflanzen Wind und Regen unbeschadet überstehen.

Abgeschaut von der Natur: Die Konservendose ist dank ihrer Rillenstruktur so stabil wie das gefaltete Blatt der Fächerpalme.

Die Tatsache, dass Falten etwas stabiler machen, kennt ihr vielleicht auch von Papierstreifen. Vergleicht man die Tragfähigkeit eines glatten und eines ziehharmonikaförmig gefalteten Papierstreifens, schneidet der geknickte Streifen deutlich besser ab. Das könnt ihr mit selbst gebastelten Brücken aus Papierstreifen selbst ausprobieren.

Und weil dies wirklich ein guter Trick ist, um Material und Gewicht zu sparen, nutzen diese Falttechnik auch die Hersteller von großen Kunststoffflaschen und Pappkartons, genauso wie die Konstrukteure von Pappmöbeln und Autokarosserien.

Mausschlau!

Die Konservendose wurde vor 200 Jahren erfunden, als Napoleon als junger französischer Feldherr nach einem Weg suchte, seine Soldaten auch auf langen Feldzügen mit unverdorbenen Lebensmitteln zu versorgen. Er schrieb einen hohen Preis für die Lösung des Problems aus. Da es noch keine Kühlschränke gab, verschimmelten Obst, Gemüse und Fleisch sehr schnell. Der Pariser Koch und Zuckerbäcker Nicolas Appert entdeckte, dass starke Hitze viele Schimmelpilze und Bakterien abtötet, und füllte die Lebensmittel danach luftdicht in Glasflaschen ab. Der Engländer Peter Durand kam 1810 auf die Idee, die Lebensmittel in Blechdosen abzufüllen, und bald darauf wurde die erste Konservendosenfabrik gegründet.

Warum ist es oben auf dem Berg kälter als im Tal, obwohl man näher an der Sonne ist?

Bergwanderer machen jedes Mal die gleiche Erfahrung, wenn sie hoch oben an einer Hütte Rast machen oder sogar am Gipfelkreuz stehen. Es ist ziemlich kühl da oben, jedenfalls kälter als im Tal. Auch am schönsten Sommertag mit einem wolkenlosen blauen Himmel und klarer Sicht fröstelt man leicht. Und sieht, trotz schönstem Sommerwetter, manchmal sogar schneebedeckte Gipfel. Eigentlich erstaunlich, dass es immer kälter wird, je höher man hinaufsteigt. Genauso verwunderlich sind die weißen Gipfel der höchsten Berge, die doch Tausende von Metern näher an der Sonne sind. Hier oben müsste es doch deutlich wärmer sein, oder?

Viele von euch wissen bestimmt auch, dass warme Luft nach oben steigt. Das spricht doch ebenfalls dafür, dass das Thermometer am Gipfel in die Höhe klettern müsste. Aber warum tut es das nicht? Warum sinken die Temperaturen in der Höhe?

Um das zu verstehen, müsst ihr wissen, was mit den Sonnenstrahlen passiert, wenn sie auf die Erde treffen. Von der Sonne aus sausen sie blitzschnell, nämlich mit **Lichtgeschwindigkeit**, bis zur **Erdatmosphäre** und durch sie hindurch. Die Erdatmosphäre ist eine Gashülle, die die Erde wie eine Schutzhülle umgibt und gegen den Weltraum abgrenzt. In der Erdatmosphäre spielen sich das Wetter und Klima der Erde ab. Erreichen die Sonnenstrahlen nun die Erdoberfläche, werden sie in Wärmeenergie umgewandelt und als Wärme wieder abgegeben, die dann unsere Luft erwärmt. Die Luft, die der Erdoberfläche am nächsten ist, ist daher auch am wärmsten. Ähnlich wie bei einem Wärmestrahler: Denn je näher ihr an dem Strahler seid, umso mehr Wärme bekommt ihr ab. Und dann passiert etwas, das ihr vielleicht schon wisst: Da warme Luft nämlich leichter ist als kalte, steigt sie nach oben. Wie beim Heizkörper, beim Toaster oder der Fußbodenheizung.

Auch in einem geschlossenen Raum ordnen sich die Luftschichten immer genau so an, dass die kälteste Schicht unten und die wärmste Schicht weit oben ist.

Hoch oben auf den Bergen kann es viel kälter sein als im Tal. Deswegen haben erfahrene Bergsteiger auch bei schönstem Sommerwetter immer eine zusätzliche Jacke oder einen dicken Pulli dabei.

Im Gegensatz zu der Luft in einem geschlossenen Raum kann die Luft über der Erde ungehindert aufsteigen. Es gibt keine begrenzende Zimmerdecke und auch kein Dach. Die warme Luft steigt immer weiter hoch.

Was passiert mit der Luft, wenn sie so hoch steigt?

Hier oben herrschen ganz andere Bedingungen als am Boden. Der **Luftdruck** ist niedriger, denn er nimmt mit zunehmender Höhe ab. Je weiter die Luft also nach oben steigt, umso geringer ist der Luftdruck, auf den sie trifft. Und das beeinflusst wiederum die aufsteigende Luft. Sie dehnt sich aus und jedes Luftteilchen hat viel mehr Platz. Dadurch wird die Luft kühler.

Ihr habt sicher schon mal einen Fahrradreifen aufgepumpt, dann kennt ihr den umgekehrten Fall: In der Luftpumpe wird die Luft zusammengepresst, der Luftdruck erhöht sich und die Luft wird wärmer. Das könnt ihr nach kurzer Zeit sogar fühlen, wenn ihr die Pumpe in der Hand haltet.

Es gibt also zwei wichtige Gründe dafür, dass es hoch oben auf den Bergen kälter ist als im Tal. Die Bergspitzen sind zwar etwas näher an der Sonne dran als das Tal, aber viel entscheidender ist, dass die Gipfel weit von der Erdoberfläche, der eigentlichen Wärmequelle, entfernt sind.

Außerdem gerät die warme, leichte Luft, die vom Boden aufsteigt, mit zunehmender Höhe in einen Bereich, in dem der Luftdruck niedriger ist. Die Luft dehnt sich unter diesen Bedingungen aus und kühlt deshalb wieder ab.

Mausschlau!

Große Flugzeuge fliegen meist in einer Höhe von 8 bis 12 km. Hier schwankt die Außentemperatur zwischen –30 °C und –60 °C.

Ist jede Schneeflocke einzigartig?

Der erste Schnee im Winter ist für die meisten Menschen etwas ganz Besonderes. Schon Stunden vorher kündigt er sich am grauen Himmel mit dicken, schweren Wolken an. Habt ihr auch schon mal am Fenster gestanden und geschaut, wie die ersten Flocken fallen? Und wenn es draußen schön knackig kalt ist, bleibt der Schnee liegen, und nach kurzer Zeit sieht es so aus, als wäre alles in ein weißes Tuch gehüllt. Einige Flocken bleiben auch an den Fensterscheiben kleben. Diese Flocken könnt ihr euch ganz genau anschauen und feststellen, dass jede Schneeflocke ein kleines bisschen anders aussieht.

Wahrscheinlich fragt ihr euch dann, ob es jede Schneeflocke nur einmal gibt und ob Schneeflocken so einzigartig sind wie Fingerabdrücke? Ihr wisst ja, dass Schnee aus gefrorenem Wasser besteht, aber wie werden die einzelnen Schneeflocken genau gebildet?

Wasser besteht aus vielen gleichartigen Teilchen. Diese kleinen Teilchen werden **Wassermoleküle** genannt. Sie sind weder rund noch gerade, sondern haben eine Form wie ein weit auseinandergezogenes V. Und diese Form ist der Schlüssel zum Geheimnis der einmaligen Schneeflocken.

Hoch oben in den Wolken schweben Wassermoleküle als Dampf frei herum, selbst bei klirrender Kälte. Wenn sich in den Wolken allerdings etwas Dreck befindet, zum Beispiel winzige Staubkörnchen, lagern sich die Wassermoleküle daran an und gefrieren. Sie bilden ein **Eiskristall**. Durch die V-Form der Wasserteilchen entstehen immer sechseckige Eisplättchen. Ihre Form erinnert stark an die Honigwaben in einem Bienenstock. Die Plättchen sinken durch ihr Gewicht langsam zu Boden. Dabei werden sie immer größer, weil sich ständig neue Wassermoleküle anlagern und den Eiskristall vergrößern.

Wie entstehen die verschiedenen Formen der Kristalle?

Die Form des Kristalls wird durch die Temperatur und die Luftfeuchtigkeit bestimmt. Schon geringe Änderungen führen zu verschiedenen Kristallformen. Bei großer Luftfeuchtigkeit und sehr niedrigen Temperaturen entstehen Kristalle, die eine längliche, säulenartige Form besitzen. Ist es nicht ganz so kalt, entstehen eher sternförmige Gebilde, indem sich an den sechs Ecken des Eisplättchens kleine strahlenförmige Verlängerungen bilden. Auf seinem langen Weg zur Erde legt jeder einzelne Kristall einen etwas anderen Weg zurück. Deshalb können sich auch geringe Änderungen der Temperatur oder der Luftfeuchtigkeit auf jeden Kristall etwas anders auswirken.

Wenn verschiedene Schneekristalle aufeinandertreffen, frieren sie aneinander fest. So vergrößert sich das Eisgebilde langsam und es entsteht eine einzigartige

Schneeflocken sind nichts anderes als verschiedenste Eiskristalle, die aneinandergefroren sind.

Schneeflocke. An welcher Stelle die Eiskristalle aufeinandertreffen, sich berühren und festfrieren, kann wieder ganz unterschiedlich sein.

Jede Schneeflocke ist ein einzigartiges Gebilde, dessen Schönheit sich unwiederbringlich auflöst, sobald es geschmolzen ist.

Die meisten Schneeflocken haben einen Durchmesser von ungefähr 5 Millimetern. Das ist etwas größer als ein bunter Stecknadelkopf. Manchmal werden sie aber auch viel größer. Die größte jemals vermessene Schneeflocke hatte einen Durchmesser von 38 Zentimetern. Unglaublich, aber wahr.

Mausschlau!

Obwohl gefrorenes Wasser durchsichtig ist, erscheint Schnee weiß. Das liegt an den einzelnen durchsichtigen Kristallen, die das Licht, das auf sie trifft, wie kleine Spiegel zurückwerfen. Da Schneeflocken ganz viele verschiedene Oberflächen haben, an denen das Licht zurückgeworfen und verteilt wird, erscheinen sie weiß und nicht durchsichtig.

Was ist ein Plastikstrom im Meer?

Plastik ist aus unserem Leben einfach nicht mehr wegzudenken. Ob Tüten, Flaschen, Stühle, Computergehäuse oder Verpackungen, der Einsatzbereich von Kunststoffen ist unendlich groß. Plastik ist praktisch und eigentlich überall brauchbar, denn es kann in jede Form gebracht werden, alle Farben annehmen, kann hart oder weich sein und ist lange haltbar. Sehr lange! Und das ist ein Problem, denn irgendwann wird ein Gegenstand aus Plastik nicht mehr benötigt und landet auf dem Müll. Aber Plastik bleibt Plastik, denn die meisten Kunststoffe werden leider gar nicht oder nur ganz langsam abgebaut.

Seit dem Jahr 1950 haben sich insgesamt vermutlich 86-150 Millionen Tonnen Plastikmüll in den Meeren und Ozeanen angesammelt.

Dadurch liegt der Kunststoffmüll jahrzehntelang auf Müllkippen, wird verbrannt oder klein gehäckselt oder er gelangt über das Abwasser in Flüsse und schließlich auch ins Meer. Aber was geschieht mit dem Plastikmüll im Ozean?

Vor über 100 Jahren begannen Wissenschaftler, **Kunststoffe** in größeren Mengen zu entwickeln, um die immer knapper werdenden **Naturstoffe** zu ersetzen. Knöpfe wurden nicht mehr aus Horn oder Perlmutt angefertigt, sondern aus Kunststoff. Statt Seidenstrümpfen gab es Nylonstrümpfe, und Kleidung wurde nicht mehr nur aus Wolle, Seide und Leder hergestellt, sondern aus praktischen Kunstfasern. Immer mehr Produkte unseres Lebens wurden aus Kunststoffen erzeugt und mittlerweile sind Plastikverpackungen, Kunststoffmöbel, Klebstoffe, Telefone und Einwegwindeln aus unserem Leben gar nicht mehr wegzudenken.

Etwa 350 Millionen Tonnen Kunststoff werden jedes Jahr hergestellt. Man schätzt, dass davon bis zu 12 Millionen Tonnen im Meer landen.

Wenn ihr nachvollziehen wollt, wie groß diese Menge ist, könnt ihr euch zum Beispiel ein großes Seelöwenmännchen vorstellen. Besonders große Seelöwenmännchen wiegen nämlich eine Tonne. Eine Gruppe von 12 Millionen schwimmender Seelöwen ist also ungefähr so groß wie die Müllmenge, die jährlich ins Meer gelangt.

Da es so gut wie kein Lebewesen gibt, das Plastik abbauen kann, reichert sich immer mehr Müll in den Meeren und Ozeanen an. Forscher fanden heraus, dass es fünf verschiedene Stellen in den Weltmeeren gibt, an denen sich besonders viel Plastikmüll ansammelt. Diese Stellen werden **Müllstrudel** genannt, weil in ihnen große Mengen von Plastikmüll ihre Kreise ziehen. Durch bestimmte Wetterverhältnisse drückt an diesen Stellen die **Atmosphäre**, also die Luft, besonders stark auf die Wasseroberfläche. In der Mitte sinkt das Wasser etwas tiefer, und es entsteht eine kreisförmige Wasserbewegung, so ähnlich wie der Strudel, der sich beim Ablassen von Badewasser bildet. In diesem Strudel sammelt sich der Müll.

Ein solcher **Plastikstrom** schwimmt zum Beispiel im Pazifik, ungefähr 1.600 km von der kalifornischen Küste in Amerika entfernt. Die Fläche dieser Müllmenge ist so groß, dass Deutschland über viermal darin Platz finden würde. Hier schwimmen auf einem Quadratkilometer durchschnittlich 18.000 verschieden große Plastikteile. Der meiste Müll sinkt aber auf den Meeresboden, sodass er unseren Augen zunächst verborgen bleibt.

Was ist das Gefährliche am Plastikmüll im Meer?

Durch Sonne, Luft und Salzwasser werden die Plastikteile mit der Zeit brüchig und zerfallen in immer kleinere Teilchen, aber sie lösen sich nicht ganz auf. Diese kleinen Teilchen werden auch **Pellets** genannt. Sie stellen eine besonders große Gefahr für die Tiere im Meer dar, denn sie werden für Nahrung gehalten und mit **Plankton** verwechselt. Plankton sind Kleinstlebewesen, von denen sich Fische, Krebse, Muscheln und viele andere Meeresbewohner ernähren. In den Plastikströmen gibt es mittlerweile sogar sechsmal mehr Plastikpellets als Plankton. Die kleinen Krebse oder Fische werden in der Nahrungskette von größeren und diese von noch größeren Fischen gefressen. Am Ende landet der eine oder andere Fisch, Krebs oder Tintenfisch bei uns auf dem Teller. So gelangt das Plastik schließlich auch in unseren Körper. Im Meer wirken die Pellets teilweise wie kleine

Magnete, die gelöste **Giftstoffe** aus dem Wasser anziehen und sammeln. So können mit der Zeit aus den Pellets richtige kleine Giftpillen werden, die eine Gefahr für Tiere und Menschen darstellen.

Größere Plastikteile landen in den Mägen von Walen, Schildkröten, Seevögeln und Robben. Sie sterben, weil Tüten ihren Magen verschließen, spitze Plastikteile ihre Organe verletzen oder ihr Magen keinen Platz mehr für die eigentliche Nahrung hat.

Der Plastikmüll gefährdet das Leben vieler Meerestiere.

Mittlerweile haben Biologen viele gestorbene Seevögel untersucht und festgestellt, dass ihre Mägen durchschnittlich sechs Gramm Kunststoff enthalten. Das ist ungefähr so viel, als hätten wir eine Butterbrotdose voll Plastik geschluckt. Klar, dass dann nicht mehr viel Platz für Nahrung ist. Wissenschaftler schätzen, dass jedes

Jahr eine Million Seevögel so verhungern. Natürlich kann der Mensch nicht komplett auf Plastik verzichten, aber wir können darauf achten, die Menge an Kunststoffmüll so gering wie möglich zu halten. Außerdem müssen wir den Müll richtig entsorgen und andere Verpackungsmöglichkeiten entwickeln. Forscher auf der ganzen Welt arbeiten hieran. Sie haben Kunststoffe entwickelt, die aus pflanzlicher Stärke hergestellt werden und sich später bedenkenlos auflösen. Außerdem züchten sie Bakterien, die manche Kunststoffe fressen und unschädlich machen. In vielen Ländern versuchen Menschen, aus Kunststoffmüll etwas Sinnvolles herzustellen: Mal sind es Flipflops, mal Schlüsselanhänger, aber es gibt auch Eisenbahnschienen aus Plastikmüll. Sogar Schuhe, Taschen und Kleidung werden mittlerweile aus gebrauchtem Kunststoff hergestellt. Ihr solltet darauf achten, dass ihr keine Tüten oder anderen Plastikmüll in der Natur liegen lasst, der dann vom Wind in die Flüsse oder ins Meer getragen wird, denn dann ist das Plastik erst einmal für lange Zeit im Wasser.

Mausschlau!

Plastikteile brauchen zwischen 400 und 1.000 Jahren, bis sie zersetzt sind. Im Vergleich dazu zersetzt sich ein Papiertuch in ungefähr drei Wochen, eine Zeitung in drei Monaten, und ein Pappkarton hat sich nach drei Monaten in seine Bestandteile aufgelöst.

Kann man beim Schafezählen wirklich schneller einschlafen?

Jeder von euch kennt folgende Situation: Ihr liegt im Bett und seid so richtig müde. Ihr möchtet eigentlich nur noch tief und fest schlafen. Aber so sehr ihr es auch versucht, ihr könnt einfach nicht einschlafen. Wenn ihr Erwachsenen davon erzählt, nicken sie zustimmend und versichern, dieses Problem auch zu kennen. Und die meisten haben auch gleich einige tolle Einschlaftipps auf Lager. Manche Tipps sind eher ungewöhnlich, andere hört man häufiger. Einer ist aber fast immer dabei, und ihr habt ihn sicherlich auch schon mal gehört: »Wenn du nicht schlafen kannst, dann zähl Schafe!«

Schafe? Wieso soll man ausgerechnet Schafe zählen, um besser einzuschlafen? Geht das nicht auch mit Autos, Kakerlaken, Haien oder Erdbeeren?

Im Prinzip ja. Denn das mit dem Schafezählen funktioniert angeblich deswegen so gut, weil das Gehirn dann gleichförmig mit Zählen beschäftigt ist und wir uns so nicht mehr mit den Gedanken des Tages auseinandersetzen müssen. Die meisten Einschlaftipps sollen helfen, die Probleme und Sorgen des Alltags »abzuschalten«, und den Schläfer gelassener und ruhiger machen. Es gibt Menschen, die durch das eintönige Zählen ruhig werden. Bei diesen Menschen ist es wohl ziemlich egal, was sie zählen. Es sollte allerdings nicht Unbehagen, Ekel oder sogar Angst auslösen, denn dann macht sich bestimmt keine schläfrige Ruhe breit. Deshalb ist es für die meisten Menschen bestimmt angenehmer, wenn sie Schafe zählen anstatt Spinnen oder Ratten.

Aber warum sind es ausgerechnet Schafe?

Manche Menschen glauben, dass diese jahrhundertealte Redewendung entstanden ist, weil sich »Schaf« und »Schlaf« so ähnlich anhören. Einige Wissenschaftler denken, dass die meisten Menschen mit Schafen Eigenschaften wie weich, warm und weiß verbinden, so wie früher alle Betten waren. Außerdem gibt es die Vermutung, dass die Schafherde einfach nur ein Bild für eine riesige, fast unendliche Menge

Schäfchen auf der Weide oder Schäfchen am Wolkenhimmel – das Zählen dauert ganz schön lange und ist auf jeden Fall ermüdend.

sein sollte. Denn die Äpfel eines Baums oder die Hühner im Stall wären unter Umständen zu schnell gezählt gewesen. Aber früher waren die meisten Schafherden riesig, und jeder Schäfer konnte bestätigen, dass er ziemlich lange brauchte, um alle Tiere seiner Herde zu zählen. Es gibt auch die Annahme, dass mit den Schafen eigentlich die Wolken gemeint waren, die am Himmel entlangziehen wie die Schafe über eine Weide. Dies spricht für die Vermutung, dass der wichtigste Punkt bei diesem Einschlaftipp die unbegrenzte Menge zum Zählen ist.

Trotzdem gibt es Menschen, bei denen dieser Schafzähltrick überhaupt nicht hilft. **Schlafforscher** haben herausgefunden, dass dies Menschen sind, die auch tagsüber mehrere Dinge gleichzeitig denken oder tun. Sie können im Bett liegen, Hunderte von Schafen zählen und sich unendlich große Herden denken, ihr Gehirn bearbeitet die Probleme und Sorgen nebenher weiter. Diese Menschen kommen eher zur Ruhe, wenn sie eine warme Milch trinken und dabei ein Buch lesen, das ihre ganze Aufmerksamkeit braucht, oder wenn sie komplizierte Rechenaufgaben im Kopf lösen.

Dann bleibt ihrem Gehirn kein Platz für belastende Gedanken und sie schlafen ein.

Mausschlau!

Ob ihr mit Schafen, Autos, Blumen oder Sternen schneller einschlaft, könnt ihr selber ausprobieren und mit den Erfahrungen eurer Freunde oder Geschwister vergleichen. Vielleicht entstehen dabei ja ganz außergewöhnliche Zählideen. Es gibt auch Menschen, die schwören nicht auf weiße Schafe, sondern auf die Farbe Blau, die eine beruhigende Wirkung haben soll. Sie schlafen in blauer Bettwäsche, blauen Schlafanzügen und streichen sich sogar ihre Schlafzimmerwände blau.

Warum wird es im Mund beim Pfefferminz-bonbonlutschen kalt?

Die meisten Süßigkeiten sind einfach nur lecker und schmecken süß. Aber Pfefferminzbonbons, Pfefferminzkaugummis und Pfefferminzplätzchen hinterlassen zusätzlich einen frischen Atem und ein kühles Gefühl im Mund. Bestimmt habt ihr das auch schon festgestellt. Wenn nicht, dann probiert doch mal Folgendes aus: Nehmt ein Pfefferminz in den Mund und spürt, wie das kühle Gefühl entsteht. Wenn ihr jetzt einen Schluck Wasser trinkt, wird es noch deutlicher. Ihr habt für einen Moment das Gefühl, ein eisgekühltes Getränk im Mund zu haben. Was haben die Süßigkeiten mit Pfefferminze, das andere Naschereien nicht haben?

Egal ob Pfefferminzdrops, Bonbons, Kaugummis, Plätzchen oder Pastillen, es ist ein bestimmter Stoff in der Minze, der diese eisige Frische im Mund auslöst.

Es gibt über 30 verschiedene Minzearten. Die Minzeart, die als Heilpflanze, Tee, Öl oder in Süßigkeiten verwendet wird, ist die **Pfefferminze**. Sie ist vor Tausenden von Jahren aus einer Kreuzung von Wasserminze und grüner Minze entstanden.
Die Pfefferminze wird ungefähr 90 cm hoch, ihre Blüten sind lilafarben und ihre Blätter enthalten ein besonderes Öl. Dieses stark duftende Öl heißt **Menthol**. Es ist zwar in allen Minzen vorhanden, doch die Pfefferminze hat mit Abstand den höchsten Mentholanteil in den Blättern. Bei Menschen wirkt das Menthol oft krampflösend, leicht schmerzstillend und hilft bei Muskelschmerzen, Erkältungen und Übelkeit. Darum wird die Pfefferminze auch in verschiedenen Bereichen, wie in der Medizin oder im Sport, eingesetzt. Das Menthol ist auch der Wirkstoff, der für die kühlende Wirkung in den Süßigkeiten verantwortlich ist.

Aber wie genau macht das Menthol den Mund kühl?

In unserem Mund, auf den Schleimhäuten, der Zunge und auch im Rachen gibt es verschiedene Punkte, die auf Reize von außen ansprechen. Sie werden **Sinneszellen** genannt und von Wissenschaftlern auch als **Rezeptoren** bezeichnet. Es gibt beispielsweise

Sinneszellen für Geschmack, für Druck und für Temperatur. Die Sinneszellen für die Temperatur sind wie kleine Thermometer, die die Umgebungstemperatur wahrnehmen und dann ans Gehirn melden. Es gibt erstaunlicherweise Thermometer für Hitze und auch Thermometer für Kälte. Wenn sich zum Beispiel die Temperatur im Mund ändert, weil ihr gerade an einem Eis schleckt, nimmt der **Rezeptor** Kälte wahr und verändert seine Form ein wenig. Ihr könnt euch die **Kälterezeptoren** wie kleine Kanäle mit Schleusen vorstellen. Bei Kälte öffnen sich die Schleusen. Dadurch können bestimmte Botenstoffe durch einen

Die Blätter der Pfefferminze enthalten Menthol – ein besonderes Öl, das beim Bonbonlutschen für das Kältegefühl im Mund sorgt.

Kanal fließen, die dann in einem weiteren Schritt die Kälteempfindung im Gehirn auslösen.

Wenn Menthol in den Mund gelangt und einen Kälterezeptor berührt, geschieht im Prinzip genau das Gleiche. Auch Menthol verändert die Form des Rezeptors so, dass sich die Miniaturschleuse öffnet und die Botenstoffe durch den geöffneten Kanal strömen können. Das Gehirn bekommt die Meldung »kalt« und nimmt eine kühle Frische im Mund wahr.

Das Menthol senkt also nicht wirklich die Temperatur im Mund, sondern täuscht dem Gehirn nur eine Kühlung vor.

Pfefferminzbonbons schmecken zwar erfrischend, kühlen aber nicht wirklich.

Auf die Kälterezeptoren am Körper hat Menthol die gleiche kühlende Wirkung. Wenn ihr euch mit einer mentholhaltigen Lotion oder mit Pfefferminzöl eincremt, fröstelt ihr kurz darauf und bekommt vielleicht sogar eine Gänsehaut. Auch hier sprechen die Kälterezeptoren auf das Menthol an, und dem Körper wird das Gefühl von Kälte vermittelt, obwohl die Temperatur sich in Wirklichkeit nicht geändert hat. Das Kältegefühl kann manchmal sogar so stark sein, dass es wie eine kurze, leichte Betäubung auf der Haut wirkt. Aus diesem Grund wirkt Pfefferminzöl schmerzlindernd und wird häufig bei Muskelschmerzen eingesetzt. Damit Menthol Muskelschmerzen wirklich lindern kann, muss es allerdings in einer größeren Menge auf die schmerzende Stelle gerieben werden. Da kann ein Pfefferminzbonbon, auf den blauen Fleck gelegt, leider nichts ausrichten.

Mausschlau!

Wenn ihr sehr scharfes Essen mit Chili esst, passiert etwas Ähnliches. Chili enthält einen Stoff, der die Rezeptoren reizt, die normalerweise auf heiße Speisen reagieren. Wenn wir etwas zu Heißes essen, wird durch diese Rezeptoren eine Schmerzwahrnehmung im Gehirn ausgelöst. Essen wir Chili, reagieren diese Rezeptoren ebenfalls und melden einen Schmerz. Schärfe ist also keine Geschmacksempfindung, sondern eine Schmerzempfindung, die sonst durch Hitze ausgelöst wird. Deswegen umschreibt der englische Ausdruck »hot«, also »heiß«, scharfes Essen auch sehr viel besser als unsere Bezeichnung »scharf«.

Warum ist ein Kaugummi im Mund weich, obwohl er nach dem Ausspucken ganz schnell fest wird?

Und bleiben Kaugummis wirklich jahrelang im Magen?

Kaugummis gibt es in vielen Formen, Farben und Geschmacksrichtungen und besonders die zuckerfreien Sorten werden immer beliebter. Jeder von euch hat bestimmt schon mal die warnenden Sätze »Kaugummis verkleben den Magen« oder »Ein verschluckter Kaugummi bleibt sieben Jahre im Magen« gehört. Vielleicht ist das auch ein Grund dafür, dass sie so oft unter Tischen, Stühlen oder Schuhsohlen kleben. Aber ist da wirklich was dran?

Ein einzelner verschluckter Kaugummi ist für uns Menschen kein Problem. Die unverdaulichen Teile des Kaugummis werden durch den Magen und den Darm geschleust und dann einfach wieder ausgeschieden. Es ist also nicht schlimm, mal einen Kaugummi zu verschlucken. Aber am besten wickelt ihr den ausgekauten Kaugummi in ein Papier und werft ihn in den Mülleimer. Interessanter ist die Frage, warum ein Kaugummi im Mund weich, an der Luft aber ganz schnell hart wird. Warum ist das eigentlich so?

Kaugummis bestehen aus fünf verschiedenen Bestandteilen. Die **Kaugummibase** bildet als Kaumasse das, worauf man herumkaut. Dazu kommen noch **Weichmacher** aus Ölen, damit die Kaumasse nicht austrocknet. Zucker, Sirup oder Zuckerersatzstoffe sorgen für die Süße und die Geschmeidigkeit, **Aromastoffe** für den Geschmack. Früher wurden als Kaumasse verschiedene Harze, Kautschuk des Gummibaums oder auch Milchsäfte verschiedener Bäume verwendet. Besonders beliebt war der Saft des **Sapotillbaums** aus Südamerika. Heute wird die Kaumasse künstlich hergestellt und besteht aus sogenannten **Polymeren**. Das sind Stoffe, die aus langen, vernetzten Kohlenstoffketten mit Tausenden gleichen Bausteinen aufgebaut sind. Polymere sind gesundheitlich unbedenklich, farblos und geschmacklos.

Im ersten Schritt der Kaugummiherstellung wird die Kaumasse zerkleinert. Dann wird die Masse geschmolzen und nach einem genauen Rezept mit den anderen Zutaten in einer Mischtrommel vermengt. Genau wie bei einem Brotteig. Anschließend wird die Masse auf Walzen dünn ausgerollt und in Streifen oder andere Formen geschnitten. Viele Kaugummis bekommen dann noch einen Zuckerguss und müssen anschließend eine Zeit lang aushärten.

Was passiert mit dem Kaugummi im Mund?

Wenn wir einen Kaugummi in den Mund nehmen, fangen wir automatisch an zu kauen, und es fließt mehr Speichel. Der enthält Stoffe, die **Enzyme** genannt werden. Sie bearbeiten die Masse beim Kauen dann so, dass sie weich wird. Die Enzyme funktionieren dabei wie kleine chemische Scheren und trennen bestimmte Verbindungen in den Ketten. Dadurch lösen sich Zucker und Geschmacksstoffe, wie Pfefferminze oder Fruchtgeschmack, aus dem weichen, warmen Kaugummi. Nach einiger Zeit bleibt nur die Kaumasse übrig, der unverdauliche Teil des Kaugummis. Wenn ihr diesen Rest aus dem Mund nehmt und zum Beispiel auf einen Teller legt, wird der Kaugummi schnell hart.

Denn die Enzyme verlieren nach einiger Zeit ihre Wirkung und die aufgetrennten Kettenverbindungen in der Kaumasse schließen sich wieder.

Kaugummikauen macht nicht nur Spaß, es ist sogar richtig gut für uns, wenn es sich um einen zuckerfreien Kaugummi handelt. Dann senkt regelmäßiges Kaugummikauen tatsächlich das Kariesrisiko und neuer Zahnbelag bildet sich langsamer. Durch den Speichelfluss wird der Zahnschmelz härter und die schädlichen Fruchtsäuren aus Getränken werden verdünnt. Kaugummis dienen nicht nur der Zahnpflege, sie gleichen beim Fliegen den unangenehmen Druck auf den Ohren aus und helfen gegen Reisekrankheit. Außerdem soll die Kaubewegung die Kiefer- und Nackenmuskeln lockern und Stress abbauen. Untersuchungen beweisen sogar, dass hierdurch das Gehirn besser durchblutet wird. Die Konzentration steigt und man kann sich Dinge schneller merken.

Wer macht die größten Kaugummiblasen? Solange der Kaugummi im Mund ist, bleibt er aufgrund des Speichels schön weich. Sobald man ihn ausspuckt, lässt die Wirkung der Speichelenzyme nach und der Kaugummi wird hart.

Mausschlau!

Wenn man in Singapur beim Wegwerfen eines Kaugummis erwischt wird, muss man mit einer Strafe von 500 Euro rechnen. Außerdem dürfen dort nur Apotheker Kaugummis verkaufen. Zur genauen Kontrolle müssen sie sich sicherheitshalber auch den Namen des Käufers aufschreiben.

Warum werden gekochte Nudeln, Kartoffeln und Reis weich, Eier aber hart?

Ihr wisst bestimmt, dass man Lebensmittel ganz unterschiedlich zubereiten kann. Einige Nahrungsmittel, wie Obst oder Salat, essen wir überwiegend roh, andere Lebensmittel werden erst auf bestimmte Weise zubereitet, bevor wir sie essen. Ob Dünsten, Kochen, Braten, Backen oder Frittieren, die Nahrung sieht danach anders aus. Sie verändert Form, Farbe, Geruch und ihre Festigkeit. Viele Speisen, wie Nudeln, Kartoffeln und Reis, werden durch Kochen in Wasser weich. Es gibt aber auch Lebensmittel, die durchs Kochen regelrecht hart werden können. Eier zum Beispiel.

Habt ihr euch schon mal gefragt, warum eine Nudel weich und ein Ei hart wird, obwohl beide doch nur in Wasser gekocht werden?

Fangen wir mal bei Nudeln, Kartoffeln und Reis an. Sie haben einiges gemeinsam. In Deutschland kommen sie überwiegend als Beilage auf den Teller. Kartoffeln und Reis gehören zu den Pflanzen. Nudeln werden zwar aus Teig hergestellt, aber dieser Teig enthält überwiegend Mehl. Und das stammt wiederum aus gemahlenen Körnern von verschiedenen Getreidepflanzen. Der Hauptbestandteil von Nudeln ist also auch pflanzlich. Und hierin liegt auch das Geheimnis. Alle drei Lebensmittel enthalten sehr viel **Stärke**. Das ist ein Stoff, der wie Zucker zu den **Kohlenhydraten** zählt und in allen Pflanzen vorkommt. Stärke besteht aus vielen kleinen Einheiten oder Bausteinen, die in langen Ketten angeordnet sind. Diese Ketten liegen ordentlich nebeneinander und sind eng miteinander verbunden.

Werden stärkehaltige Lebensmittel gekocht, zerstört das heiße Wasser die Verbindungen und dringt zwischen die Ketten.

Die Stärke quillt auf und Kartoffeln, Reis und Nudeln werden weich. Je länger sie im heißen Wasser kochen, desto weicher werden sie, weil sich immer mehr Wasser zwischen die Stärkeketten legt. Besonders gut könnt ihr das bei Nudeln beobachten. Während eine

Kartoffeln, Reis und Nudeln enthalten viel Stärke, die im heißen Wasser aufquillt und die Lebensmittel weich werden lässt.

rohe Nudel ja so hart und spröde ist, dass sie sogar schnell zerbricht, sind kurz gekochte Nudeln »al dente«, also mit Biss. Eine zu lang gekochte Nudel endet als matschige, formlose Masse. Eine rohe Kartoffel wäre für uns Menschen gar nicht gut zu verwerten. Unser Darm hat nämlich keine Möglichkeit, die eng verbundenen Stärkeketten in einer ungekochten Kartoffel aufzuknacken, also abzubauen und in einzelne Bausteine zu zerlegen. Außerdem enthält die Schale von rohen Kartoffeln Stoffe, die für unseren Körper regelrecht giftig sind. Durch das Kochen werden die Kohlenhydrate für uns Menschen einfach besser verwertbar.

Aber wie ist es mit den Eiern?

Wieso wird aus einem glibberigen, rohen Ei in heißem Wasser ein hartes Ei? Eier enthalten überwiegend

Eiweiße, die auch **Proteine** genannt werden. Diese Proteine kommen nicht nur im Eiklar vor, sondern auch in großen Mengen im Eigelb, auch Dotter genannt. Proteine bestehen, wie die Stärke, aus vielen winzigen Bausteinen. Aber es sind andere Bausteine. Sie werden **Aminosäuren** genannt und besitzen ganz andere Eigenschaften. Im Eiweiß sind die Aminosäuren kettenförmig aneinandergereiht wie Perlen auf einer Kette. Diese Kette kann entweder wie ein Faltblatt geknickt oder schraubenförmig verdreht sein. Innerhalb der Kette gibt es dann auch noch zusätzliche Verbindungen zwischen den einzelnen Bausteinen. Das führt dazu, dass die Eiweißketten locker aneinanderhaften wie ein lose aufgewickeltes Wollknäuel.

Kommt das Eiweiß mit heißem Wasser in Berührung, rollen sich die Eiweißketten auf und beginnen,

Eier hingegen bestehen aus Eiweißen, die beim Kochen nicht weich, sondern fest werden.

miteinander zu verkleben. Dadurch entsteht ein starres Netz und das Eiweiß wird nach und nach hart. Je länger das Ei gekocht wird, umso härter wird es, denn die einzelnen Eiweißketten verheddern sich immer stärker und verkleben in dem dichten Netz immer mehr, bis sie irgendwann vollständig erstarrt sind. Für den Menschen sind die Eiweiße in diesem Zustand aber viel leichter zu verdauen und zu verwerten. Forscher bezeichnen dies auch als denaturieren, weil der natürliche Aufbau des Eiweißes zerstört wird.

Mausschlau!

Eine gesunde, ausgewogene Ernährung enthält beides: viele Kohlenhydrate und viele Eiweiße, denn sie gehören zu den bedeutsamsten Stoffen, die der Körper braucht, und sind an vielen lebenswichtigen Stoffwechselvorgängen beteiligt. Die Kohlenhydrate stellen den Hauptenergielieferanten dar. Proteine sind zum Beispiel am Aufbau von Muskeln, Bindegewebe und Haut beteiligt. Außerdem spielen sie bei der Bildung von Blutzellen und Abwehrstoffen gegen Krankheiten eine wichtige Rolle.

Immer wieder sprechen wir von laufenden Nasen und riechenden Füßen. Ist das nicht komisch? Eigentlich sind doch die Füße zum Laufen und die Nase zum Riechen da. Trotzdem benutzen wir die Umschreibungen »laufende Nase« und »riechende Füße« ganz selbstverständlich. Denn auf diese Weise beschreiben wir nicht, wozu unsere Nase und unsere Füße fähig sind, sondern in welchem Zustand sie sich befinden.

Eure Füße sind immer dabei. Sie begleiten euch wortwörtlich auf Schritt und Tritt. Barfuß fühlen sie sich besonders wohl. Doch meistens stecken sie in Socken und Schuhen. Da kann es ihnen schon mal warm, eng und schwitzig werden. An den Fußsohlen gibt es viele Schweißdrüsen. Das sind kleine Poren in der Haut, die sich öffnen und Schweiß absondern können. Unter den Füßen sind die Schweißdrüsen besonders dicht. Bis zu 600 kleine Drüsen gibt es pro Quadratzentimeter. Der frische Schweiß ist klar und geruchlos, er stinkt nicht. Schweiß besteht fast ausschließlich aus Wasser, enthält aber auch einige Salze, Fettsäuren und verschiedene Eiweißstoffe.

Wenn Füße in Socken und Schuhen schwitzen, sondern sie besonders viel Schweiß ab. Wird der Schweiß nicht nach kurzer Zeit abgewaschen, kann er von den Bakterien, die auf der Haut leben, zersetzt werden. Das ist ein ganz normaler Vorgang. Leider entstehen hierbei übel riechende **Buttersäure** und stinkende **Eiweißverbindungen**, die dazu führen, dass auch die Füße muffeln. Und solche Stinkefüße können ganz schön unangenehm riechen und für andere eine richtige Geruchsbelästigung sein.

Eure Nase habt ihr auch immer dabei, egal, ob sie läuft oder nicht. Zwei Nasenlöcher führen in das Innere der Nase, zur **Nasenhöhle**. Am äußeren Rand der Nasenlöcher befinden sich einige Haare, die wie ein Sieb

größere Staub- und Schmutzteilchen abhalten. Die Nasenhöhle ist mit dem **Rachen** verbunden, der den Übergang zur Speise- und zur Luftröhre bildet. Innen ist die Nase mit einer **Schleimhaut** ausgekleidet. In ihr sitzen viele kleine **Drüsen**, die ständig Feuchtigkeit als dünnflüssigen Schleim absondern. Zwischen den Drüsen gibt es jede Menge feinster Haare, die ihr mit dem bloßen Auge nicht erkennen könnt. Sie transportieren mit einer ruderförmigen Bewegung den Schleim in Richtung Rachen.

Bei einem Schnupfen wird die Nasenschleimhaut besonders stark durchblutet und schwillt an. Sie stellt sehr viel mehr Sekret her, um die Schnupfenerreger loszuwerden oder herauszuspülen. Und ... die Nase läuft!

Eure Nase hat mehrere wichtige Aufgaben. Ihr könnt mit ihr zum Beispiel Gerüche wahrnehmen. Hierfür ist ein bestimmter kleiner Abschnitt in der Nase wichtig, an dem die Sinneszellen sitzen, die Duftstoffe erkennen. Außerdem könnt ihr durch die Nase ein- und ausatmen.

Während die Luft über die Nasenschleimhaut strömt, wird sie angefeuchtet und erwärmt.

Die feinen Härchen arbeiten wie ein Filter und halten winzige Staubteilchen fest. In Wellen- oder Ruderbewegungen befördern diese Härchen auch den Schleim, Sekret genannt, der dann über den Rachen abfließt. Davon merkt ihr normalerweise nichts. Wenn ihr euch aber erkältet habt, spürt ihr das schleimartige Sekret oder den Rotz auf einmal. Denn bei einem Schnupfen wird die Nasenschleimhaut besonders stark durchblutet und schwillt an. Sie stellt sehr viel mehr Sekret her, um die Schnupfenerreger loszuwerden oder herauszuspülen. Und ... die Nase läuft!

Warum läuft die Nase auch bei kalter Luft?

Nicht nur bei Erkältungen läuft die Nase, sondern auch, wenn es draußen eisig kalt ist. Dann muss die eingeatmete Luft von der Nasenschleimhaut in ganz kurzer Zeit besonders stark erwärmt werden, bevor sie in die Lungen gelangt. Um diese Leistung zu schaffen, wird die Schleimhaut, genauso wie bei einem Schnupfen, besonders stark durchblutet und stellt dabei richtig viel Rotz und Schnodder her.

Wenn ihr jetzt mal ganz praktisch denkt, ergänzen sich riechende Füße und laufende Nasen ziemlich gut. Denn sie können sich entweder aus dem Weg gehen oder sich gar nicht bemerken. Klar, wenn ihr in der Nähe von Käsefüßen seid, ist eine laufende Nase sogar ganz praktisch, denn dann müsst ihr die Füße nicht so stark riechen. Und falls in eurer Nähe eine richtige Schniefnase sitzt, solltet ihr laufen, dass die Socken qualmen, damit ihr euch nicht ansteckt.

Mausschlau!

Riechende Füße werden auch oft als Stinkefüße, Käsefüße, Käsemauken oder Käsequanten bezeichnet. Die laufenden Nasen heißen auch Schniefnase, Rotznase, Schnottnase und Schnupfnase.

Warum steigen Strohhalme im Sprudel hoch und bleiben im Saft auf dem Boden?

Besonders im Sommer werden viele Getränke mit Eiswürfeln und Strohhalm serviert. Ist euch dabei schon mal aufgefallen, dass die Halme in manchen Getränken stehen bleiben und in anderen hochsteigen? In Säften, stillem Wasser und Milch bleiben die Strohhalme unten auf dem Boden stehen, in Saftschorlen, Limonaden und Sprudelwasser steigen sie nach kurzer Zeit hoch. Alle Getränke, in denen die Strohhalme aufsteigen, haben eins gemeinsam: Sie enthalten **Kohlensäure**. Das merkt ihr auch daran, dass es zischt und sich viele kleine Bläschen bilden, wenn ihr die Flasche zum ersten Mal öffnet.

Um herauszufinden, was mit den Strohhalmen genau passiert, könnt ihr einen kleinen Versuch machen. Ihr braucht dazu zwei Strohhalme, eine Flasche stilles Wasser oder Leitungswasser und eine Flasche Sprudelwasser. Da die Getränke durchsichtig sind, könnt ihr die Halme besonders gut beobachten. Befüllt ein Glas mit stillem Wasser und ein zweites Glas mit Sprudelwasser. Gebt zuerst einen Strohhalm in das stille Wasser. Der Halm sinkt mit seinem unteren Ende bis auf den Boden, kippt dann leicht zur Seite und lehnt sich schräg an den oberen Glasrand. Dann gebt ihr den zweiten Strohhalm in das Glas mit Sprudelwasser und schaut zu, was geschieht. Auch hier sinkt der Strohhalm zunächst auf den Boden und lehnt sich an den oberen Glasrand. Nach kurzer Zeit steigt er aber langsam ein kleines Stück hoch und scheint in dem Getränk zu schweben. Warum ist das so?

Sprudel oder andere kohlensäurehaltige Getränke werden oft mit **Kohlendioxid** versetzt. Kohlendioxid ist ein durchsichtiges Gas, das unter hohem Druck in die Flasche gepresst wird. Hierbei löst sich das Gas im Wasser und bildet mit ihm die Kohlensäure. In der verschlossenen Flasche sind keinerlei Gasblasen zu sehen. Wird die Flasche aber geöffnet, fällt der Druck in der Flasche plötzlich ab, und die Kohlensäure zerfällt nach und nach wieder in Kohlendioxid und Wasser. Da Kohlendioxid ein leichtes Gas ist, steigt es in Form von kleinen Bläschen an die Wasseroberfläche.

Hier zerplatzen die Blasen und gehen in Luft über. Wenn ihr euer Gesicht direkt über den Sprudel haltet, könnt ihr sogar spüren, wie die kleinen Bläschen platzen.

Was passiert mit dem Bläschen und dem Strohhalm?

Trifft ein Bläschen beim Weg an die Oberfläche auf einen Gegenstand, bleibt es daran hängen. So ist das auch beim Strohhalm. Die Bläschen, die ihn berühren, bleiben an der Strohhalmwand kleben. Nach und nach lagern sich immer mehr Gasbläschen an. Da die Bläschen sehr viel leichter als Wasser sind, haben sie einen starken Auftrieb.

Wenn sich genügend Bläschen am Strohhalm angeheftet haben, sorgen sie dafür, dass sich der Halm langsam nach oben bewegt.

Bei Getränken mit Kohlensäure steigen Bläschen hoch, die am Strohhalm haften bleiben und ihn nach oben schweben lassen.

Die **Kohlendioxidbläschen** funktionieren so ähnlich wie Schwimmflügel. Sie vergrößern den Auftrieb des Strohhalms und halten ihn mehr oder weniger in einer Position im Wasser. Wenn ihr längere Zeit mit einem Löffel im Glas umrührt, steigen ganz viele Gasbläschen auf einmal auf, und das Wasser verliert eine große Menge der Kohlensäure. Dann sammeln sich nur noch wenige Kohlendioxidbläschen am Strohhalm, und er bleibt auch in diesem Glas, wie im stillen Wasser, auf dem Boden stehen.

Mit Papierstrohhalmen funktioniert das wunderbar. Probiert doch mal aus, was mit Halmen aus Stroh oder Metall passiert.

Mausschlau!

Bei Rosinen könnt ihr die Auftriebskraft von Kohlendioxidbläschen besonders eindrucksvoll beobachten. Wenn ihr sie in ein Glas mit stark sprudelndem Wasser werft, steigen sie in dem Getränk pausenlos auf und ab. An der rauen, kantigen Oberfläche der kleinen Früchtchen gibt es viele winzige Unebenheiten, an denen sich die Kohlendioxidbläschen besonders gut anheften können. Haben sich genügend Bläschen an den Rosinen gesammelt, steigen sie nach oben. Sobald sie die Wasseroberfläche erreicht haben, sinken sie aber wieder ab, denn die Gasbläschen platzen an der Oberfläche, und der zusätzliche Auftrieb geht verloren. Die Rosinen sind dann wieder so schwer, dass sie auf den Boden sinken. Dort lagern sich schnell wieder neue Bläschen an. Es ist ein ständiges Auf und Ab, sodass es aussieht, als würden die Rosinen im Sprudel tanzen.

Ist es euch auch schon mal passiert, dass nach dem Waschen Socken gefehlt haben? Ihr wollt die gewaschene Wäsche an die Leine hängen und denkt euch: »Komisch, wo ist denn nur die zweite Socke?« Auf dem Weg von der Waschmaschine zum Wäscheständer liegt sie nicht, sie ist nicht heruntergefallen, die Waschmaschinentrommel ist leer und auch im Wäschekorb taucht die vermisste Socke nicht wieder auf. Dabei seid ihr euch ganz sicher, dass ihr ein vollständiges Sockenpaar in die Wäsche getan habt. Ist die Waschmaschine etwa ein Socken fressendes Monster?

Eine Waschmaschine besteht aus einer **Trommel**, einem Motor, dem Behälter für Waschmittel, einer Heizung, einer Pumpe und den Wasserleitungen. Wenn ihr die Trommel mit schmutziger Wäsche füllt, könnt ihr die vielen kleinen Löcher in der Trommelwand sehen. Aber hierdurch verschwinden die Socken nicht. Durch die Löcher strömt lediglich das frische Wasser in die Trommel, sobald es von der Heizung genügend aufgewärmt ist. Es muss also noch einen anderen Schlupfwinkel für die Socken geben. Am Rand ist die Trommel mit einem dicken Gummiring zum sogenannten **Bottich** hin abgedichtet. Das ist eine Art Außentrommel, in der die Heizung für das zufließende Wasser liegt. Und tatsächlich: Zwischen der Dichtung und dem Waschmaschinenbottich gibt es einen kleinen Schlitz.

Wenn die Maschine läuft, dreht sich die Trommel. Wasser und Waschmittel werden eingespült und die Wäsche bewegt sich in der Trommel hin und her. Besonders bei starken Schleuderbewegungen kann es passieren, dass sich der Schlitz ein wenig vergrößert. Und dann kann eine Socke, die sehr nah an der Dichtung ist, in den dünnen Schlitz geraten und nach und nach in ihm verschwinden.

Und wo ist die Socke dann?

Um zu sehen, was danach mit der Socke geschieht, muss man die Maschine auseinanderbauen. Zuerst

Zieht ihr manchmal auch einfach verschiedene Socken an?

müssen der Deckel und der Waschmittelbehälter entfernt werden. Danach der schwere Bottich mit der Trommel. Wenn jetzt die **Gummidichtung** abgenommen wird, könnt ihr die Socke in dem kleinen Spalt zwischen der Außen- und Innentrommel entdecken. Oft hat sie sich an den Heizstäben verfangen, die im Spalt liegen.

Im Laufe der Zeit wird der Stoff der Socke von der Hitze zersetzt und die Socke löst sich allmählich auf.

Manchmal könnt ihr noch ein paar übrig gebliebene Flusen im Flusensieb finden. Es gibt auch Waschmaschinen, bei denen eine einzelne Socke, die durch den

Schlitz zunächst in den Bottich gelangt ist, durch den Abwasserschlauch für immer in der Kanalisation verschwindet.

Für das Alltagsrätsel der verschwundenen Socken gibt es in England sogar einen eigenen Namen: Es wird hier als weitverbreitetes **»Single Socks«-Phänomen** bezeichnet. Einige Waschmaschinenhersteller und etliche Eltern können aber bestätigen, dass auch Kleidungsstücke wie Kinderunterwäsche und Babykleidung manchmal spurlos in der Waschmaschine verschwinden. Wenn es aber keine Wäschepaare wie Socken sind, fällt der Verlust erst später oder gar nicht auf.

Mausschlau!

Da es für jedes Problem eine Lösung gibt, wurden vor einiger Zeit Sockenklammern entwickelt, die das Paar in der Waschmaschine zusammenhalten. Damit kann sich, auch sprichwörtlich gesehen, keine Socke mehr heimlich aus dem Staub machen. Wer keine Klammern zur Hand hat, nimmt einfach einen kleinen Wäschesack. Der lässt sich mit einem Reißverschluss oder einem Band zuziehen und ist nicht nur für Socken, sondern auch für T-Shirts mit Pailetten oder anderen Aufnähern praktisch. So geht nichts verloren und nichts kaputt.

Sprechen Gehörlose überall in der gleichen Gebärdensprache?

Wenn ihr auf einer Reise kreuz und quer durch Deutschland mit verschiedenen Menschen sprecht, kann es passieren, dass ihr einige Wörter oder Sätze nur teilweise versteht. Wenn der andere einen starken Dialekt spricht und dabei Wörter verwendet, die ihr nicht kennt, oder Wörter und Sätze anders betont, versteht ihr wahrscheinlich nur »Bahnhof«. Ob in Bayern, Hamburg, Sachsen oder Berlin, alle sprechen Deutsch, aber es hört sich je nach Gebiet sehr unterschiedlich an. Wie ist das eigentlich bei Gehörlosen? Ihr wisst vielleicht, dass sie sich in der Gebärdensprache verständigen. Aber ist die überall gleich? Vielleicht sogar auf der ganzen Welt?

Nein, es gibt viele verschiedene **Gebärdensprachen** auf der ganzen Welt. Sie haben sich im Laufe vieler Jahrhunderte entwickelt, genauso wie unsere gesprochenen Sprachen, die sogenannten **Lautsprachen**. Für einen deutschen Gehörlosen ist die amerikanische Gebärdensprache genauso eine Fremdsprache wie für uns Englisch oder Französisch, auch wenn der Gehörlose die deutsche Gebärdensprache beherrscht.

Und wie ist das im deutschsprachigen Raum, gibt es da nur eine Gebärdensprache?

Nein, auch das ist nicht der Fall, selbst in Deutschland haben sich bei der Gebärdensprache unterschiedliche **Dialekte** entwickelt. So macht zum Beispiel ein Gehörloser aus Hamburg teilweise andere Gebärden als ein Münchner, obwohl beide das Gleiche beschreiben. Das ist möglich, weil die Gebärdensprache Mundbewegungen, Zeichen und Gesten so miteinander vereint, dass sich die Gehörlosen nicht nur perfekt ausdrücken, sondern auch auf sehr feine regionale Unterschiede eingehen können.

Auf den Fotos seht ihr Fabian und seinen jüngeren Bruder Luis. Beide sind gehörlos und zeigen uns einige Beispiele für die unterschiedlichen Dialekte in der deutschen Gebärdensprache. Da die Gebärde immer mit einer Bewegung verbunden ist, zeigt das erste Bild die Anfangshaltung der Geste und das zweite Bild die beendete Geste.

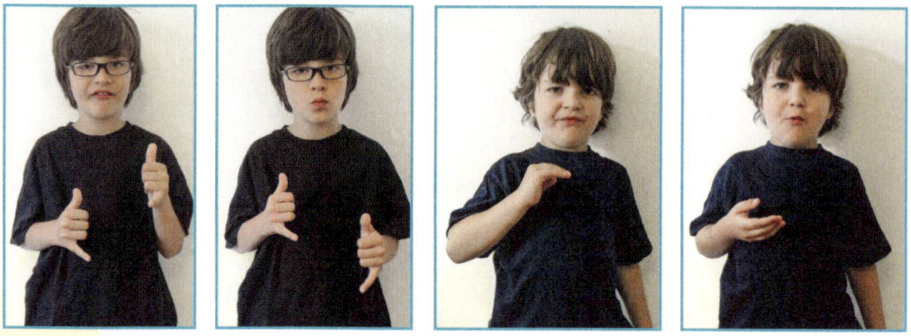

Fabian zeigt die Gebärde für »Frau«, wie sie oft in Berlin verwendet wird. Die Auf- und Abbewegungen der kleinen Finger stellen die stöckelnden Absätze der Frauenschuhe dar. Die Mundbewegung auf dem ersten Foto ist das »F«, auf dem zweiten Bild das »U« von dem Wort »Frau«. Daneben zeigt Luis die Gebärde für Frau, wie sie in Norddeutschland üblich ist. Die Bewegung seiner Hand ahmt eine Brust nach, während sein Mund auf dem ersten Bild das »F« formt und auf dem zweiten Bild das »U«.

Die Gebärde für »Mann« kann auch verschieden ausgeführt werden. Der Mann in Norddeutschland trägt häufiger Hut, was Fabian mit der angedeuteten Hutkrempe zeigt. Und in Bayern wird der Mann als vollbärtiger Kerl dargestellt und die Finger reiben über den rauen Bart.

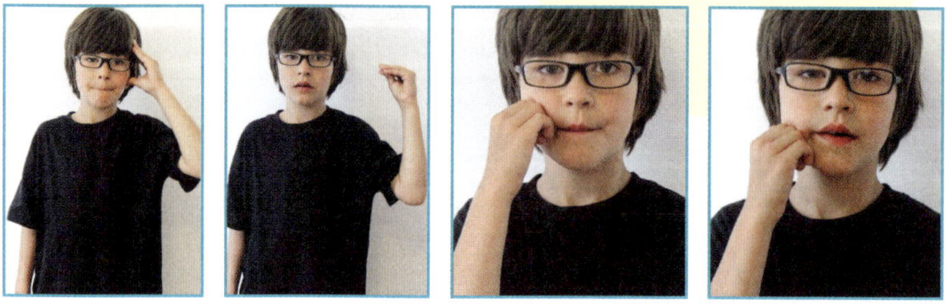

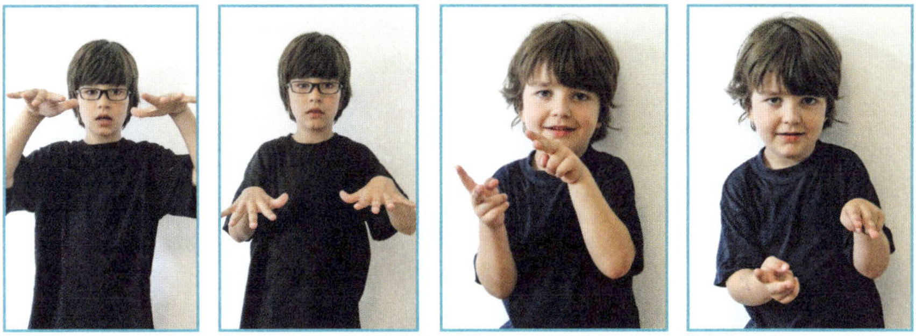

Das sind zwei Gebärden für Regen. Fabian zeigt mit weit auseinandergebreiteten Fingern, wie der Regen fällt. So wird in ganz Deutschland Regen gezeigt, nur in Hamburg nicht. Da weht eine steife Brise, also ein tüchtiger Wind, und peitscht die Regentropfen von oben schräg nach unten, genauso wie Luis seine Finger bewegt.

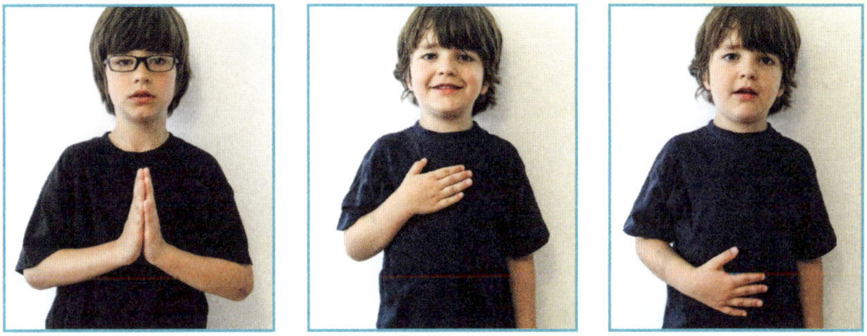

In Bayern ist »Sonntag« eine statische Gebärde. Die Hände sind wie zum Gebet aneinandergelegt, bewegen sich aber nicht. Denn in Bayern wird die Gebärde mit dem sonntäglichen Gang zur Kirche verbunden. Luis zeigt die Gebärde für »Sonntag« aus Hamburg. In der Kaufmannsstadt machte man sich an diesem Tag früher fein und ging spazieren. Luis streicht in der Gebärde seinen feinen Anzug glatt. An dem Beispiel

»Sonntag« könnt ihr besonders gut erkennen: Gebärden haben oft einen althergebrachten Hintergrund. Bei einigen Wörtern sind die Gebärden also ziemlich unterschiedlich. Anders ist das beim **Fingeralphabet**, bei dem bestimmte Fingerhaltungen für einen Buchstaben stehen. Dieses Alphabet ist in ganz Deutschland gleich und ist relativ leicht zu lernen. Vielleicht könnt ihr es sogar, denn oft wird es von Schülern als eine Art Geheimsprache in der Schule verwendet. Wenn nicht, schaut doch mal im Internet unter »Deutsches Fingeralphabet« nach. Es macht richtig Spaß, es zu lernen, und ihr könnt euch so ganz geheim unterhalten. Und wenn ihr dann mal einem Gehörlosen begegnet, könnt ihr euch mit ihm buchstabierend unterhalten.

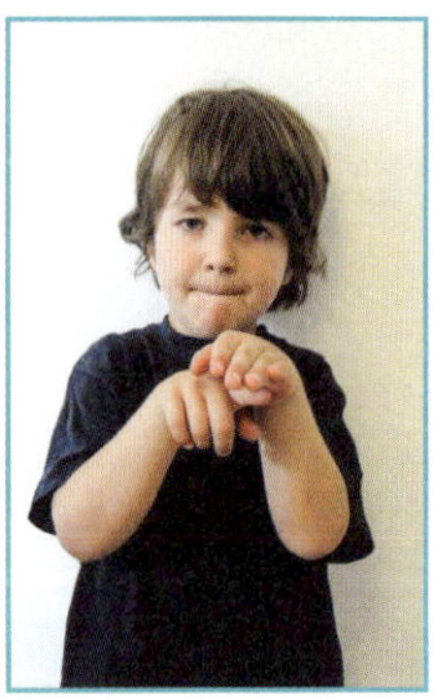

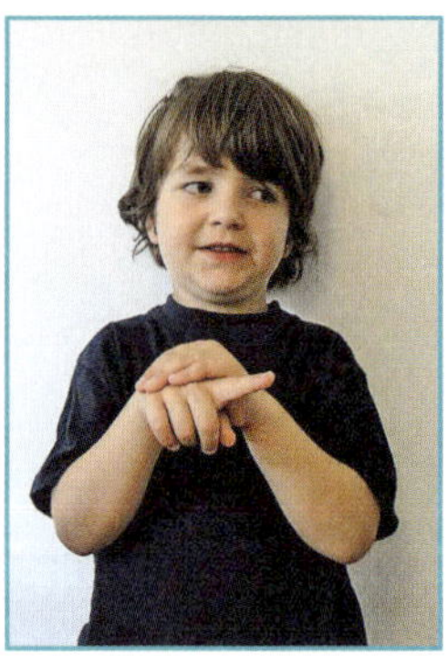

Diese Gebärde bedeutet »Maus«. Ihr könnt bestimmt gut erkennen, dass der Zeigefinger das Mäuschen sein soll, das vorsichtig aus seinem Loch herauskriecht.

Mausschlau!

In Deutschland gibt es ungefähr 85.000 Gehörlose. Gehörlos sind alle Menschen, die von Geburt an taub sind. Es zählen aber auch die Menschen dazu, die ihr Gehör verloren haben, bevor sie sprechen gelernt haben.

Jeder kennt es – und es passiert immer wieder! Ihr sitzt gemütlich am Frühstückstisch und habt einen warmen Toast mit Butter auf eurem Teller liegen. Jetzt streicht ihr noch etwas Marmelade drauf, vielleicht sogar eine selbst gemachte Sorte. Und dann seid ihr einen Moment unachtsam und das klebrige Brot rutscht euch aus den Fingern und fällt runter. Natürlich landet es prompt mit der Marmeladenseite auf dem Boden! »Wie immer«, denkt ihr dann vielleicht und überlegt, ob es Zufall, Schicksal oder einfach nur Pech ist.

Fällt das Brot vom Tisch, landet es immer mit der Marmeladenseite auf dem Boden. Also: Lieber schnell abbeißen!

Es ist nichts davon, denn eigentlich ist es nur Physik, ein einfaches **Naturgesetz**, genauer gesagt zwei Naturgesetze. Die Tatsache, dass der Toast überhaupt nach unten fällt, hat etwas mit dem Naturgesetz der **Schwerkraft** zu tun. Es besagt, dass alle Dinge, die eine Masse besitzen, sich gegenseitig anziehen. Die Erde zieht zum Beispiel Menschen, Autos und Marmeladenbrote an. Aber genauso ziehen die Dinge die Erde an. Um es ganz deutlich zu sagen, auch das Marmeladenbrot zieht die Erde an. Ja, das habt ihr richtig gelesen. Während das Marmeladenbrot auf den Boden fällt, fällt ihm auch die Erde entgegen. Da die Masse der Erde aber so riesig groß ist, bewegt sich die Erde nur unmerklich auf das Brot zu, und wir haben den Eindruck, dass sich ausschließlich das Brot bewegt.

Jetzt versteht ihr zwar, wieso der Marmeladentoast nach unten fällt, aber wieso er immer mit der klebrigen Seite auf dem Boden landet, wisst ihr noch nicht. Hierbei spielt die Erhaltung des **Drehimpulses**, ein zweites Naturgesetz, die entscheidende Rolle. Wenn uns der Toast vom Tisch oder aus den Händen rutscht, gibt es eine Ecke oder Seite des Toasts, die zuerst herunterfällt, und eine andere, die zuletzt fällt. Dadurch kippt der Toast und wird in eine Drehung versetzt, die während des ganzen Falls, also bis das Brot auf dem Boden landet, nicht gestoppt wird.

Unglücklicherweise reicht die Fallstrecke vom Tisch oder der Hand bis zum Boden nur für eine halbe Drehung.

Da fast alle Tische eine Höhe zwischen 75 und 90 cm haben, bleibt dem Toast also gar keine andere Möglichkeit, als auf der Marmeladenseite zu landen. Es sei denn, ihr legt den Toast mit der Marmeladenseite auf euer Brettchen. Dann müsste er bei der nächsten Unachtsamkeit sauber mit der Marmeladenseite nach oben auf dem Boden landen. Nur das ergibt ja nicht viel Sinn, dann hättet ihr die Schmiererei auf dem Brettchen und an den Händen.

Hilft es, wenn der Tisch höher ist?

Forscher haben hierzu viele Versuche gemacht und diese in Zeitlupe gefilmt, um herauszufinden, ob eine andere Tischhöhe die Lösung sein könnte. Sie kamen zu dem Ergebnis, dass Tische mit einer Höhe von über 130 cm für fallende Brote ideal sind. Denn aus dieser Höhe landen fast alle Marmeladenbrote mit der beschmierten Seite nach oben. Bei diesen Tischen ist die Fallstrecke so groß, dass sich das Brot einmal komplett drehen kann. Wer weiß, vielleicht ist das der eigentliche Grund, warum es in so vielen Cafés und Bäckereien immer mehr hohe Stehtische gibt.

Noch eine weitere Lösungsmöglichkeit: nur noch kleine Toasts essen. Denn kleine Toasts drehen sich schneller und landen häufiger mit der Marmeladenseite nach oben auf dem Boden.

Mausschlau!

Nicht nur Marmeladentoasts fallen gerne besonders ungeschickt vom Teller. Auch Brote oder Brötchen, die nur mit Butter bestrichen sind oder Käse, Salami oder Schinken als Belag haben, landen meistens mit der belegten Seite auf dem Boden. Und selbst ganz unbestrichene Brote schaffen nur eine halbe Drehung beim Fallen.

Wie gehen Astronauten im All duschen und aufs Klo?

Sobald Astronauten ihr Raumschiff verlassen, müssen sie einen Weltraumanzug tragen, der sie mit Sauerstoff versorgt und vor den extremen Temperaturen im All und der starken Strahlung schützt. Denn im Weltraum herrschen ganz andere Bedingungen als auf der Erde. Auch die Schwerkraft, die uns auf der Erde fest am Boden hält, die dafür sorgt, dass Wasser nach unten fließt und das Essen auf dem Teller liegen bleibt, fehlt im Weltall. Diese Schwerelosigkeit ist eine der größten Herausforderungen, mit denen die Astronauten umgehen müssen. Denn es gibt kein Oben und kein Unten und nichts bleibt an seinem Platz. Da sie selbst auch schwerelos durch ihr Raumschiff schweben, müssen sie bei ihrem Weltraumalltag einige Besonderheiten beachten.

Wenn ein **Astronaut** wach wird, muss er zuerst aus seinem Schlafsack krabbeln, denn Astronauten schlafen nicht in Betten, sondern in Schlafsäcken. Damit der Schlafsack nicht durchs Raumschiff schwebt, schnallen ihn die meisten Astronauten fest, denn nicht alle schlafen gern im Schweben. Auch bei der Morgentoilette ist einiges anders als auf der Erde. Anstatt einer prasselnden warmen Dusche gibt es hier nur einen feuchten Waschlappen, etwas Seife und ein Handtuch zum Nachreiben. Denn bei einer Dusche mit Wasser würden die Tropfen nicht auf den Boden fallen und zum Abfluss fließen, sondern durch das Raumschiff schweben. Es gibt allerdings auch Raumschiffduschen, bei denen ein Luftzug, wie bei einem Staubsauger, jeden einzelnen Wassertropfen einfangen soll. Da das aber nie ganz gelingt, gibt es zum Beispiel auf der ISS, der Internationalen Raumstation, keine Dusche, sondern nur Waschtücher und Trockenseife für die Haut.

Für die Haare gibt es ein Trockenshampoo, das nicht ausgespült werden muss. Nach einer kurzen Einwirkzeit wird es lediglich mit einem Handtuch aus den Haaren herausgerubbelt. Dieses Shampoo ist so ähnlich wie die Trockenshampoos, die in Drogeriemärkten oft als Reiseshampoos angeboten werden. Zum Zähneputzen können die Astronauten eine ganz gewöhnliche Zahncreme und ein bisschen Wasser benutzen. Das Wasser kommt hier allerdings nicht aus dem Hahn,

Im All ist alles anders: Hier schwebt der deutsche Astronaut Alexander Gerst durch die Internationale Raumstation.

sondern aus einem besonderen Wasserspender. Die Astronauten haben aber kein Waschbecken, in das sie hineinspucken können, denn der Schaum würde sich sehr schnell selbstständig machen. Es bleiben ihnen nur zwei Möglichkeiten: Entweder schlucken sie alles runter oder spucken es in ein Papiertuch, das sie dann in einen verschließbaren Behälter legen.

Toiletten sind in Raumschiffen alles andere als ein stilles Örtchen.

Es sind hoch entwickelte, sehr teure technische Anlagen, die mit starken Pumpsystemen und Motoren arbeiten. Deswegen müssen die Astronauten, wenn sie aufs Klo gehen, verschiedene Dinge beachten. Es fängt damit an, dass der Astronaut sich auf der Toilette anschnallen muss, damit er nicht zwischendurch davonschwebt. Hierzu befestigt er einen Bügel über seinen Oberschenkeln. Und um den Urin und den Kot in der Toilette zu halten, gibt es eine starke Absaugvorrichtung, die wie ein Staubsauger mit einem **Luftsog** alles vom Körper wegsaugt. Sonst würde nämlich das, was eigentlich im Klo bleiben soll, wieder hinausschweben. In einem Auffangbehälter werden Urin und Kot getrennt und dann unterschiedlich weiterbehandelt.

Gibt es auf der Weltraumstation eine Kläranlage?

Auf der ISS wird der Urin zunächst sehr gründlich gereinigt und dann zu Brauchwasser weiterverarbeitet. Seit Kurzem kann der Urin sogar wieder in Trinkwasser für die Astronauten umgewandelt werden. Es gibt also ein richtiges **Urin-Recycling**. Auch bei der Herstellung der Atemluft für die Astronauten wird der Urin eingesetzt. Beim Kot ist es etwas anders: Der wird gesammelt, zusammengepresst und dann aus Platzgründen ins All gebracht. Hier verglüht er einfach.

Mausschlau!

Zum Frühstück gibt es den Orangensaft aus einem Plastikbeutel, aus dem nur mit einem Spezialstrohhalm getrunken werden kann. So verhindern die Astronauten, dass der Saft aus dem Glas oder sogar mit dem Glas frei durch die Raumstation schwebt.

Warum packt man seine Siebensachen?

Es gibt Sprichwörter, die aus der Antike oder der Bibel stammen und noch heute in unserer Alltagssprache verwendet werden. Bestimmt kennt ihr einige von ihnen. Oft sprechen wir sie ganz selbstverständlich aus und benutzen sie, ohne uns Gedanken darüber zu machen, woher sie stammen oder ob sie früher einmal eine andere Bedeutung hatten. Bekannt ist die Redewendung: »Ich packe meine Siebensachen!« Diese Redewendung wird häufig gebraucht, wenn man verreisen oder umziehen will. Es kommt aber auch vor, dass jemand im Streit zum anderen sagt: »Pack deine Siebensachen und verschwinde!« Dann ist man richtig wütend und möchte den anderen Menschen rausschmeißen. Aber warum packt man eigentlich gerade sieben Sachen ein und nicht drei oder zehn?

Eins ist also klar: »Seine Siebensachen packen« bedeutet tatsächlich, die wenigen Habseligkeiten, die man hat, zusammenzupacken, um damit abzureisen, auszuziehen oder eilig zu verschwinden. Warum es aber gerade »sieben« Sachen sind, dafür gibt es verschiedene Erklärungen.

Die Zahl Sieben kommt auffällig häufig in zahlreichen Sprichwörtern vor. Sie wurde früher einerseits als Glückszahl verwendet, konnte aber als böse Sieben auch Unglück bringen.

In jedem Fall wurde ihr eine magische, geheimnisvolle Kraft nachgesagt. Egal, ob man in **Siebenmeilenstiefeln** gut vorankam, von den sieben Zwergen hinter den sieben Bergen redete, die **sieben Weltwunder** bestaunte, an die sieben Leben der Katze glaubte oder sogar den siebten Sinn besaß, die Zahl Sieben war immer etwas Besonderes. Sie spielt auch in den unterschiedlichsten Religionen eine wichtige Rolle. Der siebenarmige Leuchter ist ein wichtiges Zeichen im Judentum und das »Buch mit den sieben Siegeln« stammt tatsächlich aus der Bibel und steht für etwas Unverständliches. Selbst die Redewendung »im siebten Himmel sein« hat ihren Ursprung in verschiedenen religiösen Schriften und umschreibt heute ein großartiges Glücks- oder Liebesgefühl.

»Der Wolf und die sieben Geißlein«, »Die sieben Raben« und natürlich bei Schneewitchen und den sieben Zwergen – die magische Zahl Sieben spielt in vielen Märchen eine wichtige Rolle.

Bedeutet das Sprichwort nun etwas Gutes oder Schlechtes?

Da die Zahl Sieben im **Volksaberglauben** sowohl eine positive als auch eine negative Bedeutung hat, kann die Redewendung »seine Siebensachen packen« auch auf zwei Arten gedeutet werden.

- Zum einen können die Siebensachen, die man packen soll, etwas Wertloses, Alltägliches sein. So gibt es zum Beispiel auch in Frankreich eine vergleichbare Redewendung, die einen auffordert, seine Lumpen zu packen.

- Anderseits kann mit den Siebensachen auch etwas Wertvolles, etwas Besonderes gemeint sein. Denn wenn jemand seine Siebensachen herumschleppt wie eine Katze ihre Jungen, bedeutet das, dass er seinen wichtigsten Besitz immer bei sich hat und überall hin mitnimmt, egal wohin er geht.

Unabhängig davon, ob in der Redewendung wertvolle oder wertlose Siebensachen gemeint sind, könnte es noch eine ganz andere Bedeutung für die Zahl Sieben in dieser Redewendung geben, nämlich eine ganz praktische. Oft hatte man früher sieben Sachen an: Unterhose, Unterhemd, Strümpfe, Hose oder Rock, Hemd oder Bluse, Schuhe und eine Jacke.

Mausschlau!

Wenn jemand ein Gesicht wie sieben Tage Regenwetter zieht, ist das allerdings eindeutig: Er schaut verdrießlich drein und ist offensichtlich ziemlich schlecht gelaunt.

Warum schläft man wie ein Murmeltier?

»Es war richtig laut. Aber du hast nichts gehört, denn du hast geschlafen wie ein Murmeltier!« Vielleicht hat das schon mal jemand zu euch gesagt oder ihr habt es in einem Gespräch mitbekommen. Die Bedeutung dieser Redewendung ist eigentlich ziemlich schnell erklärt: Wenn ein Mensch sehr tief und lange schläft und dabei kaum zu wecken ist, wird sein Schlaf mit dem Schlaf eines Murmeltiers verglichen. Aber warum muss gerade dieses Tier für die Redewendung herhalten? Dass Murmeltiere einen Winterschlaf halten, kann allein nicht Grund genug sein. Oder habt ihr schon mal gehört, dass jemand sagt: »Du hast geschlafen wie ein Igel.«? Und dass auch Igel einen Winterschlaf halten, wisst ihr sicherlich. Also, was ist am Murmeltierschlaf so besonders?

Murmeltiere kommen im Hochgebirge vor. Oft leben sie in Gruppen von 5 bis 15 Tieren zusammen und teilen sich einen Bau. Im Sommer kann es oben in den Bergen tagsüber richtig schön warm werden. Dann dösen die Murmeltiere in der Sonne und fressen viel frisches Gras und jede Menge Kräuter. Das ist sehr wichtig, denn während der kurzen Sommermonate müssen sie sich ein dickes **Fettpolster** anfressen. Im Spätsommer wird es den Murmeltieren langsam zu kalt und sie bereiten den Bau auf einen langen, eisigen Winter vor.

Anschließend sammeln sich alle Murmeltiere im Bau und verschließen die Eingänge von innen mit Kot, Erde und Steinen. So können weder kalte Luft noch Regen oder Schnee in die Gänge des Baus eindringen. Auch werden die Murmeltiere dann nicht so schnell von ihren **Fressfeinden** entdeckt. Im Schlafkessel kuscheln sich alle Tiere eng aneinander und wärmen sich gegenseitig. Dabei rollen sie sich so ein, dass sie ihren Kopf zwischen die Hinterbeine stecken. Da die Jungtiere nicht genügend Zeit hatten, um sich ein ausreichendes Fettpolster anzufressen, werden sie in die Mitte der Gruppe genommen. Sie schmiegen sich an ihre Verwandten, um von deren Wärme etwas abzubekommen. So versuchen alle Mitglieder der Murmeltiergruppe gemeinsam, einen Kältetod der Jungen zu verhindern.

Murmeltiere schleppen große Mengen an getrocknetem Gras in ihre Schlafkammer und polstern den Schlafkessel damit richtig schön aus.

Die Murmeltiere fallen in einen außergewöhnlich langen Tiefschlaf. Er dauert sechs bis sieben Monate, manche Tiere halten sogar von Ende September bis Mitte April ihren **Winterschlaf**. Igel schaffen dagegen meist nur fünf Monate Dauerschlaf. Dann wachen sie auf und begeben sich sofort auf Futtersuche. Im Vergleich zum Igel sind die Murmeltiere noch größere

Langschläfer, da sie locker zwei Monate länger schlafen. Und sie fressen während der ganzen Zeit kein einziges Mal, sondern zehren ausschließlich von ihrem **Fettpolster**, das sie sich in dem kurzen Sommer angefressen haben. Dieses Polster ist erstaunlich groß, denn es kann ein Drittel des Gesamtgewichts ausmachen. Ein Murmeltier kann kurz vor dem Winter 4,5 kg bis 5 kg wiegen und wird dann mit höchstens 3 kg nach dem Winterschlaf wieder wach.

Wie schaffen es die Murmeltiere, so lange ohne Nahrung auszukommen?

Um die lange Zeit bis zum Frühjahr ohne Schäden zu überleben, haben die Murmeltiere einige Tricks entwickelt. Sie können ihren Körper in einen regelrechten Energiesparmodus bringen, fast wie ein »Stand-by«, das ihr bestimmt von Elektrogeräten kennt.

Ihr Körper läuft tatsächlich auf Sparflamme, denn viele Körperfunktionen sind sehr weit heruntergefahren.

Sie atmen nur drei- bis viermal pro Minute und auch ihr Herz schlägt nur noch drei- bis viermal anstatt 200-mal pro Minute. Ihre Körpertemperatur fällt von 39 °C auf unter 5 °C. Das ist Kühlschranktemperatur. Da der Magen und der Darm während des Winterschlafs nicht gebraucht werden, kann es passieren, dass sie in dieser Zeit um die Hälfte ihrer Größe schrumpfen.

All das dient dazu, den Energieverbrauch zu verringern, um mit der Fettreserve durch den langen Bergwinter zu kommen. Wissenschaftler haben berechnet, dass Murmeltiere während ihres Extremtiefschlafs mit einem Zehntel der Energie auskommen. Auch das schaffen Igel über einen so langen Zeitraum nicht.

Endlich ausgeschlafen? Die Murmeltiere halten bis zu sieben Monate Winterschlaf, bevor sie im Frühjahr wieder aufwachen und aus ihrem Bau kommen.

Klar, dass sich die Murmeltiere hierbei nicht bewegen. Doch etwa alle zwei Wochen passiert etwas Erstaunliches: Das älteste Tier wacht auf, sein Stoffwechsel kommt in Schwung und seine Körpertemperatur steigt auf 34 °C an. Durch die Wärme wachen alle anderen Tiere der Gruppe ebenfalls auf. Gemeinsam laufen sie zu einem kurzen Gang, der als Toilette dient. Hier leeren sie Blase und Darm, wandern in ihren Schlafkessel zurück, kuscheln sich aneinander und fallen in kürzester Zeit wieder in den **Tiefschlaf**. Die kurze Unterbrechung des Tiefschlafs verhindert den Kältetod und beugt wohl auch Schäden an den Nerven vor.

Werden die Tage im April wieder etwas länger und wärmer, wachen die Murmeltiere auf, öffnen ihren Bau und stürzen sich abgemagert und total ausgehungert auf die jungen, frischen Almwiesen. Schnell müssen sie jetzt wieder zu Kräften kommen und sich ein neues Fettpolster zulegen. Denn bis zum nächsten langen Bergwinter dauert es nicht lang.

Murmeltiere sind also echte Schlafmützen, die sich tief unten im Bau durch nichts und niemanden bei ihrem Winterschlaf stören lassen.

Ein Igel dagegen, der im Laubhaufen überwintert, wird manchmal auch von einem Besen oder vereinzelten warmen Tagen in seinem Schlaf unterbrochen. Die Redewendung »schlafen wie ein Murmeltier« bedeutet aber nicht, dass auch wir während des Schlafs unseren Stoffwechsel so weit herunterfahren wie ein Murmeltier oder sechs Monate am Stück schlafen. Aber wenn wir eben mal ganz tief und außergewöhnlich lange schlafen und uns auch durch nichts dabei stören lassen, erinnert das an den Murmeltierschlaf.

Mausschlau!

Damit die Murmeltiere ungestört fressen können, beobachtet ein ausgewähltes Tier die Umgebung und bewacht die ganze Gruppe. Hierzu sucht sich der Wächter eine leicht erhöhte Position aus. Entdeckt er einen Fressfeind oder droht irgendeine andere Gefahr, warnt er die Gruppe mit einem schrillen Pfiff. Blitzschnell verschwinden alle Tiere im Bau, bis die Gefahr vorüber ist.

Warum hat man Tomaten auf den Augen, Bohnen in den Ohren und einen Kloß im Hals?

Mit den Redewendungen, die wir alltäglich verwenden, beschreiben oder vergleichen wir etwas. Wir benutzen sie, um etwas deutlich zu machen. Bestimmt sind euch Redewendungen wie »Schwein gehabt«, »glatt wie ein Aal« oder »blind wie ein Maulwurf« bekannt. Bei diesen Sprichwörtern ist ihre Bedeutung offensichtlich. Das Glückstier Schwein, der schlangenähnliche, dünne Aal und auch der stets im Dunkeln lebende Maulwurf sprechen einfach für sich. Falls ihr aber schon mal gehört habt, dass jemand »Tomaten auf den Augen«, »Bohnen in den Ohren« oder einen »Kloß im Hals« hat, habt ihr vielleicht auch darüber nachgedacht, wieso gerade diese Begriffe miteinander verknüpft werden?

Dass jemand »Tomaten auf den Augen« hat, heißt nicht, dass er »rotsieht« und wütend wird, sondern beschreibt einen Menschen, der nichts sieht oder vielleicht auch nichts sehen möchte. Manchmal wird auch Menschen, die offensichtlich nichts bemerken wollen, unterstellt, sie hätten Tomaten auf den Augen. Aber warum sind es Tomaten und nicht Äpfel, Birnen oder Eier? Das hängt damit zusammen, dass die Redewendung früher eine etwas andere Bedeutung hatte. Damals bekam die Bemerkung »Du hast ja Tomaten auf den Augen« nämlich ein Mensch mit geröteten oder entzündeten Augen zu hören. Oft beschrieb diese Redewendung auch den Zustand, dass man frühmorgens die verquollenen Augen nicht richtig aufbekam, noch keineswegs richtig wach war und deshalb auch nicht alles wahrnahm.

Die Tomaten sind also eine eindeutige Anspielung auf gerötete Augen gewesen, mit denen man natürlich keinen klaren Durchblick haben konnte.

Ähnlich verhält es sich mit der Redewendung »Bohnen in den Ohren« haben. Dies sagen wir zu jemandem, der nichts hört oder der uns bewusst nicht zuhören will. Schaut euch doch mal die äußere **Ohrmuschel** im Spiegel oder bei euren Freunden genauer an. Dann wird euch bestimmt schnell klar, warum manche Ohrenstöpsel die Form einer Bohne haben, da diese

Form ziemlich gut geeignet ist, um den **Gehörgang** gegen **Schall** abzudichten. Auch Hörgeräte besitzen häufig eine bohnenähnliche Form, weil sie so sehr gut ins Ohr passen.

Müssen wir uns räuspern oder fühlt sich unsere Kehle wie zugeschnürt an, sagen wir oft „Ich habe einen Frosch im Hals". Da ist man froh, wenn dieser Frosch wieder rausspringt und unsere Stimme wieder normal klingt.

Und was ist mit dem »Kloß im Hals«?

Sobald uns Tränen in die Augen steigen, können wir auch nur schlecht schlucken. Wir haben das Gefühl, dass unsere Kehle zugeschnürt ist, dass etwas im Weg ist. Dieses Gefühl wird mit der Redewendung »Ich habe einen Kloß im Hals« sehr bildhaft umschrieben, denn ein großer runder Gegenstand wie ein ganzer Kloß erzeugt eine bedrückende Enge im Hals. Teilweise wird dieses Gefühl auch in der abgewandelten Form als »Frosch im Hals« umschrieben. Und hierfür gibt es eine ganz interessante Erklärung. Eine Geschwulst an der Zunge oder im Hals wird medizinisch häufig als »ranula« bezeichnet. Da der lateinische Name für Frosch »rana« ist, entstand daraus dann irgendwann die Redewendung »einen Frosch im Hals haben«.

Mausschlau!

Besonders viele Redewendungen richten sich an unsere Organe und beschreiben bildhaft eine Stimmung oder eine Situation. So wird uns das Wort aus der Nase gezogen, wenn wir mundfaul sind, oder wir tragen das Herz auf der Zunge, wenn wir sehr offen über unsere Gefühle sprechen. Der Floh im Ohr beschreibt einen Gedanken oder eine Idee, die einen nicht mehr loslässt, während die Laus, die einem über die Leber gelaufen ist, ein Hinweis auf schlechte Laune ist, da die Menschen früher annahmen, dass die Leber der Sitz leidenschaftlicher Gefühle sei.

Warum reinigt Dreck den Magen?

Draußenspielen macht Spaß. Erst recht, wenn richtig viel gebuddelt, gematscht und geschaufelt werden darf. Habt ihr schon mal beobachtet, dass sogar Kleinkinder stundenlang zufrieden im Sand spielen können? Häufig bekommen sie zwischendurch eine kleine Stärkung, wie zum Beispiel ein Apfelstückchen. Und fast genauso häufig fällt das Stückchen den Kindern aus der Hand in den Sand. Ganz selbstverständlich heben sie es auf und wollen es sich sandverschmiert wieder in den Mund stecken. In diesem Moment könnt ihr beobachten, dass sich Eltern ganz unterschiedlich verhalten. Einige nehmen ihrem Kind mit einem lauten »Iih Bah« das sandige Stück wieder weg, andere Eltern zucken gelassen mit den Schultern und sagen: »Das ist okay, Dreck reinigt den Magen.« Bestimmt habt ihr diese Redensart auch schon mal gehört und euch gefragt, wie etwas Dreckiges etwas anderes reinigen kann?

Im Matsch spielen kann so schön sein!

Wie bei den meisten Redensarten steckt auch in dieser ein Fünkchen Wahrheit drin. Entscheidend ist, wie so oft, die richtige Menge: Selbstverständlich kann es nicht gesund sein, wenn ihr euch schaufelweise dreckigen Sand in den Mund steckt. Außerdem ist auch nicht jeder Dreck gut für euch. Und wirklich geputzt wird der Magen durch den Dreck natürlich auch nicht, wie sollte das auch gehen?

Es gibt mittlerweile zwei verschiedene Erklärungen für die Redensart. Zum einen enthält Dreck manchmal

wertvolle Inhaltsstoffe, die wir Menschen sehr gut nutzen können. Schon im alten Ägypten wurden Geschwüre und Sonnenbrände mit **Nilschlamm** behandelt. Und vor über 2.000 Jahren entdeckten die alten Griechen, dass Magenkranke besonders schnell gesund wurden, wenn sie Erde von der Insel **Lemnos** zu sich nahmen. Wissenschaftler bestätigten später, dass es Erden gibt, die sehr reichhaltig an bestimmten **Mineralstoffen** sind. Oft werden sie auch als **Heilerden** bezeichnet. Diese Heilerden enthalten besonders viel **Magnesium**, **Kalzium**, **Kalium**, **Eisen** und die Salze von **Kieselsäuren**. Diese Stoffe können im Magen überschüssige Magensäure binden. Dadurch wird ein unangenehmes Aufstoßen, das Sodbrennen, verhindert. Außerdem kann Heilerde Giftstoffe binden, die dann auf natürlichem Weg vom Körper ausgeschieden werden.

Und was ist die zweite Bedeutung?

Eine zweite Deutung der Redensart bezieht sich auf das Abwehrsystem unseres Körpers, das sogenannte **Immunsystem**. Um sich erfolgreich gegen Krankheiten zu wehren, versucht unser Immunsystem pausenlos, unbekannte, unverträgliche Stoffe unschädlich zu machen. Ärzte gehen davon aus:

Kinder sollten mit Dreck in Berührung kommen, damit sich ein starkes Abwehrsystem ausbilden kann.

Denn unser Körper muss unverträgliche Keime, Krankheitserreger wie **Viren** und **Bakterien** oder auch **Pollen** erst kennenlernen, um einen eigenen Schutz dagegen aufzubauen. Besonders in den ersten Lebensjahren sollte der Körper die Abwehrreaktion regelrecht trainieren. Da bei uns übertriebene Sauberkeit oft an oberster Stelle steht, glauben einige Mediziner, dass sich die Abwehrsysteme so nicht ausreichend entwickeln können, da der Trainingseffekt

Es muss nicht alles sauber sein. Spielen im Schlamm trainiert das Immunsystem.

einfach nicht groß genug ist. Sie vermuten, dass deshalb immer mehr Kinder an Allergien, Asthma oder Heuschnupfen leiden. Denn im Gegensatz zu Kindern, die auf dem Bauernhof groß werden, konnte sich ihr Körper nicht ausreichend mit den Krankheitserregern auseinandersetzen. Hierfür spricht auch, dass Kinder vom Land deutlich seltener Allergien, Asthma oder Heuschnupfen haben als Stadtkinder.

Also, keine Angst vor sandigen Keksen, heruntergefallenen Bonbons oder dreckigen Händen, mit denen ihr gerade einen Hund gestreichelt habt. Natürlich heißt das jetzt nicht, dass ihr komplett auf Sauberkeit verzichten sollt. Es kommt auch hier auf die richtige Menge an. Vor dem Essen solltet ihr euch nach wie vor die Hände waschen, und nach einem Matschtag kann es durchaus angebracht sein, unter die Dusche zu gehen oder in die Wanne zu steigen.

Mausschlau!

Es gibt viele Naturvölker, die regelmäßig Erde essen. Auf der afrikanischen Insel Pemba essen junge Frauen besonders viel von einer bestimmten Erdsorte, wenn sie schwanger sind. Nämlich ungefähr 25 Gramm jeden Tag. Das entspricht ziemlich genau zweieinhalb Scheiben Knäckebrot. Wissenschaftler vermuten, dass die Frauen so vermehrt Giftstoffe aus ihrem Körper ausscheiden.

Wieso sagt man, dass bei jemandem der Groschen gefallen ist?

»Endlich hast du es kapiert! Das hat aber lange gedauert, bis bei dir der Groschen gefallen ist!« Diesen Ausspruch habt ihr bestimmt schon mal gehört, wenn jemand etwas länger gebraucht hat, um eine Erklärung oder eine Beschreibung zu verstehen. Warum man ausgerechnet mit Geld werfen muss, um etwas zu begreifen, ist euch jetzt vielleicht auch nicht klar. Aber für diese Redensart gibt es eine einleuchtende Erklärung.

Ihr habt gerade schon gelesen, dass der Groschen ein Geldstück ist. Bevor 2002 der Euro in Deutschland eingeführt wurde, bezahlte man mit der **Deutschen Mark**. Eine D-Mark bestand aus 100 **Pfennig**, so ähnlich wie ein Euro aus 100 Cent besteht. Und so, wie es jetzt ein 10-Cent-Stück gibt, gab es damals ein 10-Pfennig-Stück. Dieses Geldstück wurde auch **Groschen** genannt und war sehr begehrt. Mit ihm konnte man nämlich vor einigen Jahrzehnten viele Verkaufsautomaten in Gang setzen.

Was konnte man an den Automaten kaufen?

Bevor es die großzügigen Öffnungszeiten für Geschäfte gab, standen die unterschiedlichsten Automaten in Gaststätten oder in Bahnhöfen. Es gab zum Beispiel Verkaufsautomaten für Kaugummis, Süßigkeiten, Getränke und Kleinspielzeug. Und da es auch noch keine elektronischen Spiele gab, hatten die meisten Kneipen Spielautomaten. Für die Musik in den Cafés, Bars oder Restaurants sorgten damals sogenannte **Musikboxen**. Die meisten Automaten nahmen nur Groschen zum Bezahlen an. Für zwei oder drei Groschen konnte man eine Limonade aus dem Getränkeautomaten ziehen und ein Lied von der Musikbox gab es teilweise schon für einen Groschen. Das Parken kostete oft nur einen Groschen und in vielen Autos lagen die sogenannten **Parkgroschen** für die Parkuhren am Straßenrand parat. Alle Automaten arbeiteten auf die gleiche Art und Weise.

Nach dem Groscheneinwurf musste man einen Augenblick warten, bis der Groschen tatsächlich gefallen war und der Verkaufsautomat das Geldstück erkannt, sortiert und gezählt hatte.

Erst dann wurde die Ware über ein kleines Ausgabefach abgegeben. Bei Spielautomaten und Musikboxen war es ähnlich. Es dauerte eine kurze Zeit, bis zum Beispiel ein Ball freigegeben oder das ausgewählte Lied gespielt wurde. Auch die Parkuhr brauchte einen Augenblick, bis sie die bezahlte Parkzeit auf einer kleinen Drehscheibe anzeigte.

Nachdem man einen Groschen eingeworfen hatte, konnte man auf der Musikbox auf eine Taste drücken und damit ein Lied auswählen, das dann in der Bar oder Kneipe laut gespielt wurde.

Und genau diese kurze Wartezeit umschreibt die Redewendung. Sie bedeutet also nichts anderes, als dass manche Menschen einen kleinen Moment brauchen, bis sie das Gesagte aufgenommen und verstanden haben. Erst dann sind sie in der Lage, es umzusetzen und zu handeln.

Bei Menschen, die in bestimmten Situationen sehr lange brauchen, wird die Redewendung manchmal noch gesteigert. Dann heißt es vielleicht: »Da fällt der Groschen auch nur pfennigweise« oder »Er hat einen Groschen mit Fallschirm«.

Mausschlau!

»Der Groschen fällt bei dir aber fix« oder »Du denkst schneller als der Blitz« wird zu Menschen gesagt, die etwas ganz schnell verstehen oder begreifen.

Es gibt Momente, da werden auch Erwachsene rot, weil sie sich schämen und am liebsten im Erdboden versinken möchten. Einfach nicht mehr da sein, sodass keiner merkt, dass man gerade Blödsinn gesagt oder ein Geheimnis ausgeplaudert hat. Auch eine gedankenlose Bemerkung kann peinlich sein. Wenn Erwachsene später von diesem Moment erzählen, fällt oft der Satz: »Oh, da habe ich mich ganz schön in die Nesseln gesetzt.« Habt ihr das auch schon mal gehört und euch gefragt, warum man sich ausgerechnet in Nesseln setzt? Und welche Nesseln überhaupt gemeint sind?

Mit den Nesseln sind Nesselpflanzen, genauer gesagt Brennnesseln, gemeint. Aber was haben Brennnesseln mit den Peinlichkeiten gemeinsam, die euch verlegen machen? Eine ganze Menge ...

Brennnesseln findet ihr an vielen Stellen, sie wachsen auf Wiesen, an Wegen, in Gärten, an Waldrändern, aber auch auf Schuttplätzen. Ihr findet sie fast überall, genauso wie euch überall und bei jeder Gelegenheit versehentlich etwas Peinliches passieren kann. Und wenn ihr eine Brennnessel berührt, geschieht das auch meist aus Versehen, oder weil ihr unachtsam wart.

Auch ungeschickte Bemerkungen rutschen einem unabsichtlich heraus.

Wenn ihr eine Brennnessel berührt, kann das unangenehm brennen. Das hängt mit den vielen kleinen **Brennhaaren** zusammen, die an den Blättern und Stängeln der Brennnessel sitzen. Wenn ihr euch diese Brennhaare unter einer Lupe oder einem Mikroskop anschaut, könnt ihr erkennen, wie sie aufgebaut sind. Am unteren Ende besitzen sie einen dicken Fuß. Dieser Fuß, der die Form eines kleinen Säckchens hat, ist mit einer Flüssigkeit gefüllt, die es in sich hat: Es ist eine Mischung aus **Ameisensäure**, **Kieselsäure** und einigen anderen Stoffen, die das unangenehme Brennen auf der Haut auslöst.

Voll in die Nesseln gesetzt! Mit einer blöden Bemerkung ist es wie mit einem Sturz in die Brennnesseln: Man kann es nicht rückgängig machen und es fühlt sich sofort richtig unangenehm an.

Und wie gelangt die Flüssigkeit in die Haut? An der oberen Spitze des Brennhaars gibt es noch eine Besonderheit. Hier sitzt ein kleines, schräges Köpfchen, das sofort abbricht, wenn ihr es berührt. Dadurch dringt die Spitze des Haares ganz leicht in eure Haut ein und drückt die Flüssigkeit aus dem unteren Säckchen in die Haut. Innerhalb von Sekunden ist die Haut an dieser Stelle gereizt. Es bilden sich **Quaddeln**, die Haut schwillt an, wird heiß und rot, außerdem brennt und juckt sie ganz fürchterlich. Und dagegen könnt ihr auch nicht viel machen, außer abwarten, bis sich die Haut wieder beruhigt hat.

Und was hat das mit peinlichen Bemerkungen zu tun?

Bei den ungeschickten Äußerungen verhält es sich ähnlich. Einmal herausgerutscht, zeigen sie ihre Wirkung. Sobald ihr merkt, dass ihr etwas Ungeschicktes gesagt habt, reagiert auch euer Körper. Die meisten Menschen werden dann rot, manchmal wird ihnen warm oder heiß und sie spüren ein merkwürdiges Kribbeln. Einige Menschen kratzen sich dann verlegen. Aber gesagt ist erst einmal gesagt, und mit dem unangenehmen Gefühl, etwas falsch gemacht zu haben, müsst ihr zunächst klarkommen. Und das ist genau das Gefühl, zu dem der Ausdruck »in die Nesseln gesetzt« passt. Glücklicherweise habt ihr meistens die Möglichkeit, die Dinge richtigzustellen, sodass sich das unangenehme Gefühl auflöst.

Mausschlau!

Etliche Quallen, Polypen und Seeanemonen gehören zu den sogenannten Nesseltieren. Sie besitzen Nesselzellen oder Nesselfäden, mit denen sie ihre Beute fangen. Oft lösen diese Nesselzellen bei Menschen eine Hautreizung aus, die so ähnlich ist wie die Reaktion auf die Brennnessel.

Brei gilt als Lieblingsessen von Babys und Kleinkindern und wandert auf dem Löffel in den Mund. Aber auch in den Mündern von Erwachsenen ist Brei ein Thema. Allerdings meist nur in Form von Redewendungen, die sie sinnbildlich in den Mund nehmen. Dabei ist es egal, ob hiermit ein Milchbrei oder ein Griesbrei gemeint ist. Den Brei, den jeder selbst auslöffeln muss, kennt ihr vielleicht und wisst, dass es nichts anderes bedeutet, als dass man für die Folgen von etwas alleine verantwortlich ist. Aber wieso redet man auf der einen Seite um den heißen Brei herum und hat auf der anderen Seite etwas satt wie kalten Brei?

In einigen afrikanischen Ländern bereiten die Familien das Essen auch heute noch auf die traditionelle Weise zu und essen gemeinsam aus einer Schüssel.

Die Redewendung »Um den heißen Brei herumreden« stammt wahrscheinlich noch aus der Zeit, als die ganze Familie gemeinsam aus einem Topf oder aus einer Schüssel gegessen hat. Das Essen wurde heiß und dampfend von der Feuerstelle genommen und in die Mitte des Tisches gestellt.

Bevor alle mit ihrem Löffel zugreifen konnten, musste das Essen noch etwas abkühlen, und die Familie hatte Zeit, sich zu unterhalten. Sobald alle gleichzeitig zulangten, verstummte das Gespräch, damit jeder genug aus der Schüssel bekam. Es wurde also so lange um den heißen Brei herumgeredet, bis er auf eine verträgliche Temperatur abgekühlt war.

Heute beschreibt die Redewendung Menschen, die eine bestimmte Taktik anwenden, um nicht über unangenehme Dinge oder peinliche Sachen reden zu müssen.

Auch die Angst vor der Reaktion des anderen kann dazu führen, dass sich manche Menschen ausweichend ausdrücken und immer knapp am wichtigsten Punkt vorbeireden. Sie versuchen, durch geschicktes Drumherumreden das Unangenehme nicht direkt anzusprechen, aber trotzdem alles Wichtige mitzuteilen.

Stell dir mal vor, dass du draußen mit deinen Freunden zum Spielen verabredet bist. Du hast deinen neuen Pulli an, und deine Eltern finden das nicht richtig und raten dir, ihn nicht zum Spielen draußen anzuziehen. Aber deine Freunde warten, du hast es eilig, winkst die Bedenken ab und saust los. Ihr tobt draußen richtig wild rum, spielt vielleicht Schatzsuche oder Fangen, und prompt bleibst du an einem Ast hängen und – ratsch – schon ist ein Loch im schönen neuen Pullover. So ein Mist, denkst du dir, das hat gerade noch gefehlt. Natürlich ist dir das jetzt furchtbar unangenehm und du musst es irgendwie deinen Eltern erklären. Aber zu Hause duftet es schon lecker nach Abendessen, und du denkst dir: »Ach, dann sag ich es meiner Mama lieber nach dem Abendessen, das ist immer noch früh genug.« Auf die Fragen deiner Eltern, wie der Nachmittag war und mit wem du was gespielt hast, antwortest du ausweichend. Du befürchtest, dass deine Eltern sonst auf den neuen Pulli zu sprechen kommen. Aber natürlich haben die längst gemerkt, dass da was nicht stimmt, immerhin kennen sie dich ja ziemlich gut. Also haken sie nach. Und als sie sehen, dass du plötzlich einen anderen Pulli anhast, fragen sie ganz bestimmt: »Komm, red nicht um den heißen Brei herum! Was ist eigentlich passiert?«

Aber genau das tust du jetzt vielleicht, um den heißen Brei herumreden, indem du ausweichend von deinen Freunden erzählst. Nebenbei erwähnst du, dass die Sträucher im Garten vielleicht auch mal wieder geschnitten werden müssten und dass auch der neue Pulli nicht wirklich warm hält und überhaupt gar nicht so toll ist ... irgendwann erraten deine Eltern bestimmt, was los ist, oder du schaffst es nicht mehr, um den heißen Brei herumzureden, und platzt mit der Nachricht vom Loch im Pulli heraus.

Und was bedeutet der kalte Brei?

Falls es schon häufiger vorgekommen ist, dass neue Anziehsachen beim Spielen beschädigt wurden, kann es tatsächlich sein, dass einer der beiden jetzt äußert, dass sie das alles so satt wie kalten Brei haben. Damit wollen deine Eltern dir ganz klar und deutlich sagen, dass sie hierfür kein Verständnis mehr haben und vielleicht sogar ärgerlich sind. Also genau so, wie einem bei kaltem Brei eher der Appetit vergeht und man darauf gut verzichten kann, möchten deine Eltern so etwas nicht mehr so schnell erleben.

Mausschlau!

Bei der Redewendung »Viele Köche verderben den Brei« geht es natürlich nicht um heiß oder kalt, sondern um die Tatsache, dass sich nicht zu viele Menschen um die gleiche Angelegenheit kümmern sollten, weil das manchmal eher dazu führt, dass etwas nicht gelingt.

Warum futtert man wie ein Scheunendrescher?

»Kann ich bitte noch einen Teller voll bekommen?« Das fragt ihr sicher auch manchmal eure Eltern, wenn es euch besonders gut schmeckt. Und wenn Freunde oder Verwandte mit am Tisch sitzen, ist der Hunger oder der Appetit vielleicht noch größer als sonst. Auch an Tagen, an denen ihr viel Sport gemacht habt oder lange draußen herumgetobt seid, ist der Hunger besonders groß. Manchmal ist er auch einfach ohne Grund da, der Riesenhunger, und ihr könnt euch anhören: »Du futterst ja wie ein Scheunendrescher.« Das ist ganz bestimmt nicht böse gemeint, aber was bedeutet es eigentlich? Vielleicht kennt ihr einen Mähdrescher, aber was ein Scheunendrescher ist, wisst ihr wahrscheinlich nicht. Und was ein Scheunendrescher mit eurem Hunger zu tun hat, könnt ihr euch erst recht nicht erklären.

Früher war das Pflügen der Getreidefelder harte Arbeit.

Bevor es moderne Maschinen in der Landwirtschaft gab, war die Bestellung der Felder eine echte Knochenarbeit für Mensch und Tier. Besonders die Getreidefelder machten viel Arbeit. Als Erstes wurden die Felder mit einem Pflug umgegraben, der von einem Pferd oder Ochsen gezogen wurde. Danach lief der Bauer über den Acker und säte mit der Hand das Korn aus. Wenn geerntet wurde, musste jeder aus der Familie mithelfen. Oft wurden zusätzlich Landarbeiter angeheuert, um das Korn noch bei trockenem Wetter einzubringen, denn ein starker Regen konnte die Ernte schädigen. Dafür wurde das Getreide auf

Bevor es Mähdrescher gab, wurden die Getreidekörner mithilfe von Dreschflegeln aus den Ähren gedroschen.

dem Feld mit der **Sense** geschnitten. Danach brachte man es mit dem Pferdekarren oder zu Fuß in die **Tenne**, einen besonderen Teil der Scheune, in dem die Arbeiter das Getreide auf dem Boden ausbreiteten. Anschließend bearbeiteten sie die Getreidehalme mit einem **Dreschflegel**. Das war ein langer Stab, an dessen Ende an einer kleinen, beweglichen Kette ein zweiter, kurzer, leicht abgeplatteter Stab hing.

Wegen dieser Arbeit wurden die Arbeiter Scheunendrescher genannt.

Sie schlugen dabei mit der kurzen Seite des Dreschflegels immer wieder auf das Getreide ein, sodass die einzelnen Körner herausfielen. Das war eine

lange, mühsame und sehr anstrengende Arbeit. Wenn endlich alle Ähren gedroschen waren, wurde der Rest, das Stroh, zur Seite gebracht und im Stall zum Auslegen der Böden verwendet. Die Körner wurden mit den Strohresten sorgsam zusammengefegt und in einer besonderen Maschine weiter aussortiert.

Also hatten die Arbeiter abends richtig Hunger, oder?

Die Drescharbeit war für die Scheunendrescher eine körperlich anstrengende Tätigkeit und nach getaner Arbeit hatten die Arbeiter besonders großen Hunger. Aber auch ziemlichen Durst, denn sie schwitzten stark und hatten einen trockenen Hals durch den Staub, den sie beim Dreschen erzeugten. Die Mahlzeiten an den Dreschtagen waren deswegen immer sehr üppig, und

Ein moderner Mähdrescher erleichtert die Arbeit der Landwirte.

es dauerte lang, bis die Scheunendrescher satt waren. Dadurch wurden sie wegen ihrer ungewöhnlich großen Ess- und Trinklust sprichwörtlich bekannt.

Mausschlau!

Die Maschine, in die die Körner mit der Spreu (das sind die Strohreste) kamen, wurde mit einer Handkurbel angetrieben. Dadurch entstand ein Luftzug im Maschinengehäuse, der die leichten Strohteilchen hinausblies, während die schweren Körner auf den Boden fielen. Die Maschine trennte also die Spreu vom Weizen. »Die Spreu vom Weizen trennen« ist auch eine Redewendung, die einige vielleicht schon kennen. Sie bedeutet, dass man nutzlose Dinge von wertvollen unterscheiden und auch trennen sollte. So wie man nur die wertvollen Körner mahlen und zu Brot verarbeiten kann.

Das Gefühl, so richtig von der Rolle zu sein, kennt wohl jeder. Ihr bestimmt auch. An solchen Tagen steht ihr irgendwie neben euch, alles fällt euch schwer, und obwohl ihr euch bemüht, gelingt nichts wirklich. Seid ihr dann zudem noch schusselig oder fahrig, geht zu allem Überfluss auch noch irgendetwas kaputt. So richtig verstehen könnt ihr das alles nicht, denn ihr seid einfach total von der Rolle. Habt ihr euch an solchen Tagen nicht auch schon mal gefragt, warum es diese Redewendung gibt, und was eine Rolle mit diesem Zustand zu tun hat?

Vielleicht kommt die Redewendung ja aus dem Theater? Schauspieler, die in einem Stück eine Rolle übernehmen, müssen oft sehr viel Text auswendig lernen, den sie dann während der Aufführung vortragen. Für den Fall, dass ein Schauspieler seinen Text vergisst, gibt es »Vorsager«, die im Theater **Souffleure** heißen. Sie sind auf der Bühne so versteckt, dass das Publikum sie nicht sehen kann, und flüstern dem Schauspieler den Text zu, falls er ihn vergessen hat und deswegen vielleicht völlig von der Rolle ist, weil er eben seine Rolle als Schauspieler nicht beherrscht. Hört sich eigentlich logisch an, stimmt aber nicht. Mit dem Schauspiel hat diese Redewendung nichts zu tun.

Sie ist in einem ganz anderen Zusammenhang entstanden: Der Ausdruck »von der Rolle sein« kommt ursprünglich aus dem Radsport. Hier gibt es eine Sportart, die **»Steherrennen«** genannt wird und auf einer Rennbahn stattfindet. Bei diesen Rennen fährt ein Radfahrer, der Steher, ganz dicht hinter einem Motorradfahrer her. Der Fahrradfahrer versucht dabei, immer im **Windschatten** des Motorradfahrers zu bleiben, da der Luftwiderstand dort geringer ist und er deutlich weniger Leistung erbringen muss, als wenn er bei gleicher Geschwindigkeit alleine fahren würde. So kann der Radfahrer nur durch die Kraft seiner Beine über 100 km/h schnell werden. Das ist nur möglich, weil der Motorradfahrer wie ein **Windbrecher** arbeitet.

Auf solchen Radrennbahnen erreichen die Sportler im Sprint eine Geschwindigkeit von bis zu 80 km/h. Im Windschatten eines Motorrads können sie bis zu 100 km/h schnell fahren.

Der Motorradfahrer wird **Schrittmacher** genannt, denn er bestimmt das Tempo. Sein Motorrad hat Fußrasten, einen Spezialsattel, und die Lenkerstangen sind stark verlängert, damit der Schrittmacher sein Motorrad stehend fahren kann. Die aufrechte Haltung vergrößert den Windschatten, in dem der Steher auf seinem Fahrrad fährt.

Beim Steherrennen bestimmt die Rolle am hinteren Ende des Motorrads den Abstand zwischen Motorradfahrer und Radfahrer.

Damit der Steher nicht zu nah an das Motorrad gerät, gibt es ein Gestell mit einer drehbaren Rolle am hinteren Ende des Motorrads.

Diese Rolle bestimmt den Abstand zwischen Motorradfahrer und Radfahrer. Der Steher versucht nun, immer ganz nah an der Rolle dranzubleiben, um möglichst optimal im Windschatten zu sein. Denn wenn er mit dem Motorrad nicht in engem Kontakt bleibt, kann er die hohe Geschwindigkeit allein nicht mehr halten. Fällt der Steher zurück, dann ist er »von der Rolle«.

Der Fahrradfahrer sitzt doch auf einem Sattel, warum heißt er „Steher"?

Bei dieser Redewendung handelt es sich also um einen Fachbegriff aus dem Sport. Ihr könnt euch sicher vorstellen, dass die Steher bei diesen Rennen über eine längere Zeit richtige Schwerstarbeit leisten. Der Ausdruck »Steher« leitet sich auch nicht von »stehen«, sondern von dem englischen Wort »stayer« oder »to stay« ab. Das bedeutet »bleiben« oder auch »Ausdauer haben« und dieser Sport hat in der Tat sehr viel mit lang anhaltender und ausdauernder Leistung zu tun.

Mausschlau!

Es gibt aber auch Redensarten, die ursprünglich aus der Theatersprache stammen. Wenn etwas zum Beispiel »keine große Rolle spielt«, misst man ihm keine besondere Bedeutung zu. So wie einem Schauspieler, der nur eine kleine Rolle spielt. Das hängt damit zusammen, dass der Text eines Schauspielers früher auf einen Papierstreifen geschrieben wurde. Der Streifen wurde so aufgerollt, dass der Schauspieler immer nur den Textteil sah, den er gerade vortragen sollte. Schauspieler mit einer Hauptrolle hatten dementsprechend eine große Rolle und die Nebendarsteller hatten nur eine kleine Papierrolle vor sich.

Warum heißt es: »Halt die Ohren steif!«?

Kennt ihr das? Ihr steht unmittelbar vor einer Prüfung, einem Fußballspiel oder einer Aufführung, und ein guter Freund ruft euch zu: »Halt die Ohren steif!« Mit dieser bekannten Redewendung möchte er euch Mut machen, euch unterstützen und Erfolg wünschen. Ein »Halt die Ohren steif, das wird schon wieder« ist mehr als Aufmunterung gemeint, wenn etwas schiefgelaufen ist, ihr Pech hattet oder eine schlechte Note geschrieben habt. Auch wenn die ermutigende Absicht dieses Spruches fast allen Menschen bekannt ist, so ist es doch verwunderlich, dass wir gerade die Ohren steifhalten sollen. Wenn ihr eure Ohren jetzt anfasst, werdet ihr feststellen, dass sie gar nicht weich sind. Die **Ohrmuschel** ist zwar biegsam, aber durch den Knorpel auch ziemlich stabil. Von hängenden Schlappohren kann da wirklich keine Rede sein. Also, was hat es mit den steifen Ohren auf sich?

Vielleicht habt ihr es ja schon mal probiert, aber bis auf einige begabte Ohrenwackler können die meisten Menschen ihre Ohren nicht bewusst bewegen, sie können sie einfach nicht steifhalten. Und auch die Redewendung »Spitz die Ohren« dürfte den meisten Menschen sehr schwerfallen. Selbst Menschen, die mit den Ohren wackeln können, schaffen es nicht, ihren Ohren eine spitzere Form zu verleihen.

Bei vielen Tieren ist das aber anders: Kaninchen, Pferde, Hunde und Katzen können ihre Ohren ganz deutlich aufrichten und zeigen mit den gespitzten Ohren, dass sie aufmerksam sind und alles ganz genau verfolgen.

Ist ein Tier müde, lässt es seine Ohren vielleicht auch mal hängen. Ein gespitztes Ohr hingegen ist ein Zeichen für Wachsamkeit und auch für Flucht- und Sprungbereitschaft.

Stimmt es, dass manche Tiere ihre Ohren sogar einzeln bewegen können?

Für viele Tiere sind die Ohren das wichtigste Sinnesorgan und deshalb können einige von ihnen ihre Ohren sogar unabhängig voneinander bewegen. Dadurch haben sie die Möglichkeit, Geräusche aus allen Richtungen aufzunehmen. Ein aufgerichtetes Ohr nimmt viel mehr wahr als ein hängendes Schlappohr. Viele

Tiere gebrauchen ihr Gehör für die Jagd – und andersherum ist ein gutes Gehör für ein Tier oft überlebenswichtig, um Fressfeinde rechtzeitig zu entdecken.

Mit seinen Pinselohren kann der Luchs besonders gut hören. Das Rascheln einer Maus nimmt die Wildkatze noch aus über 50 Metern Entfernung wahr.

Beide Redewendungen kommen also ursprünglich aus dem Tierreich: Wenn jemand zu euch »Spitz die Ohren« sagt, möchte derjenige, dass ihr ihm zuhört, dass ihr aufpasst und aufmerksam seid, weil er euch etwas ganz Wichtiges mitteilen möchte. »Halt die Ohren steif« oder »Lass die Ohren nicht hängen« sagt man hingegen, wenn man jemandem Mut zusprechen will. Man möchte denjenigen dann dazu ermutigen, wieder zuversichtlich und munter zu sein. Denn wenn ihr die Ohren offen haltet, wenn ihr aufmerksam seid und euch nichts entgeht, könnt ihr vielleicht auch dem Pech einfacher aus dem Weg gehen.

Mausschlau!

Es gibt übrigens noch viel mehr Redewendungen rund ums Ohr. Vielleicht wisst ihr ja, was diese hier bedeuten: jemanden übers Ohr hauen, auf einem Ohr taub sein, sich etwas hinter die Ohren schreiben, noch grün hinter den Ohren sein, bis über beide Ohren verliebt sein, eine Menge um die Ohren haben, ganz Ohr sein.

Wir danken unseren fachlichen Beratern und Wissenschaftlern für die Unterstützung bei der Beantwortung der Fragen:
Dr. Dietmar Applehans, Leibniz-Institut für Polymerforschung Dresden e.V; Dr. Jochen A. Bär, Institut für Sprach- und Kommunikationswissenschaft, RWTH Aachen; Prof. Antje Boetius, Max-Plack-Institut für Marine Mikrobiologie, Bremen; Frank Chomik, Zoo Duisburg; Prof. Guido Dehnhardt, Institut für Biowissenschaften, Universität Rostock; Dr. Jürgen Groß, Julius Kühn-Institut, Bundesforschungsinstitut für Kulturpflanzen; Margit Hillenmeyer, Gehörlosen Institut Bayern, Nürnberg; Dr. Stefan Hoby, Zoo Basel; Prof. K.-B. Hüttenbrink, HNO-Universitätsklinik Köln; Dr. Arne Jung, Klinik für Geflügel, Tierärztliche Hochschule Hannover; Markus Juschka, Aquazoo – Löbbecke Museum Düsseldorf; Prof. Josef Kamphues, Institut für Tierernährung, Stiftung Tierärztliche Hochschule Hannover; Simon Kollien, Institut für deutsche Gebärdensprache, Universität Hamburg; Dr. Jens Kube; Prof. Sabine Kulling, Max Rubner-Institut, Karlsruhe; Prof. Manfred Lehn, Institut für Mathematik, Johannes Gutenberg-Universität, Mainz; Dirk H. Lorenzen; Dr. Christian Lunecke; Prof. Wolfgang Mieder, Department of German and Russian, University of Vermont; Dr. Marcus Neizert, Deutsche Physikalische Gesellschaft e. V., Bonn; Prof. Ingo Nolte, Klinik für Kleintiere, Stiftung Tierärztliche Hochschule Hannover; Prof. Weerd Ohling, Life Sciences and Engineering, FH Bingen; Prof. Heinz-Otto Peitgen, Institut für Bildgestützte Medizin, Fraunhofer MEVIS, Bremen; Dr. Guido Prause, Institut für Bildgestützte Medizin, Fraunhofer MEVIS, Bremen; Fabian Pufhan; Luis Pufhan; Dr. Wolfgang A. Quante; Jaqueline Reiners; Dominik Renggli, Institut für Meteorologie, Freie Universität Berlin; Prof. Karl-L. Schuchmann, Zoologisches Forschungsmuseum A. Koenig, Bonn; Dr. Wulf Schulten; Savina Tillmann; Stefan Thomann, European Candle Association, Stuttgart;

Prof. Andreas Wieck, Lehrstuhl für Angewandte Festkörperphysik, Bochum; Marion Wille, Aquazoo – Löbbecke Museum Düsseldorf; Ilona Zühlke, Allwetterzoo Münster

Bildnachweis:
Adobe Stock: 10 (Victoria), 13 (Jiri Hera), 18 (yanadjan), 25 (alswart), 33 (MNStudio), 35 (master1305), 39 (Kjersti), 42 o. (olando), 52 (Robert Kneschke), 56 li. (Cristi), 60 (Photo-SD), 63 (yordanka), 74 (Karoline Thalhofer), 84 (Wim), 85 (Chelsea), 100 li. (NoahLevin), 100 re. (aljoscha-foto), 105 (cherryandbees), 110 (merlin74), 114 (Martin), 133 (Alena Ozerova), 137 (Romolo Tavani), 157 (flashgun), 160 (bacothelock), 161 (Thomas Francois), 165 (nadisja), 170 (complize | M.Martins), 174 (Wavebreak-Media-Micro), 182 (Pixel-Shot), 195 (Alexandra Giese), 197 (Ferenc), 202 (C. Schüßler), 207 (MNStudio), 215 (Krakenimages.com); Allwetterzoo Münster: 97; imago-images: 56 re. (xblickwinkel/H. xSchmiedbauerx), 187 (xNasax), 224 re. (Topfoto), 230 (Karina Hessland); iStock: 15 (golero), 23 (dandanian), 29 (coramueller), 42 u. (allas_snesar), 44 (SanyaSM), 47 (wetcake), 65 (tunart), 67 (melissaf84), 71 (DavidCallan), 76 (Astrid860), 80 (Yelo34), 88 (ttsz), 89 (StockImagesGroup), 93 (DamianKuzdak), 98 (brittak), 100 mi. (arissanjaya), 117 (knape), 119 (real444), 124 (ronstik), 129 li. (HandmadePictures), 129 re. (Vrabelpeter1), 140 (petekarici), 143 (Jag_cz), 147 (BondJ007), 151 (skymoon13), 152 (tycoon751), 191 (jcrosemann), 205 (ChristinLola), 211 (semenovp), 218 (12MN), 223 (atlantic-kid), 224 li. (hohl), 225 (RobertHoetink), 229 (Mlenny), 234 (MikhailSemenov); Sabine Dahm: 178 -180; Shutterstock: 48 (Tinydevil)

Autorin: Sabine Dahm
Illustrationen: Antje von Stemm
Mausillustrationen: Ina Mertens
„Frag doch mal"-Logo: Udo Schübel
Lektorat: Katharina Eisele, Linda Hartwig
Gestaltung und Satz: awendrich grafix, Hamburg
ISBN 978-3-551-25343-9
carlsen.de

Mit Fragen zur Produktsicherheit wenden Sie sich bitte an:
carlsen.de/kontakt

MIX
Papier | Fördert gute Waldnutzung
FSC® C002795

Autorin: Sabine Dahm
Illustrationen: Antje von Stemm
Mausillustrationen: Ina Mertens
„Frag doch mal"-Logo: Udo Schübel
Lektorat: Katharina Eisele, Linda Hartwig
Gestaltung und Satz: awendrich grafix, Hamburg
ISBN 978-3-551-25343-9
carlsen.de

Mit Fragen zur Produktsicherheit wenden Sie sich bitte an:
carlsen.de/kontakt